智元微库
OPEN MIND

成长也是一种美好

2019 个税新政 实操手册

（全场景案例版）

孙莉莉 编著

人民邮电出版社
北京

图书在版编目（CIP）数据

2019个税新政实操手册 ： 全场景案例版 / 孙莉莉编著. -- 北京 ： 人民邮电出版社, 2019.1
ISBN 978-7-115-20380-9

Ⅰ. ①2… Ⅱ. ①孙… Ⅲ. ①个人所得税－税法－中国－手册 Ⅳ. ①D922.222-62

中国版本图书馆CIP数据核字(2018)第298681号

◆编　　著　孙莉莉
　责任编辑　朱玉芬
　责任印制　周昇亮
◆人民邮电出版社出版发行　　北京市丰台区成寿寺路11号
　邮编 100164　电子邮件 315@ptpress.com.cn
　网址 http://www.ptpress.com.cn
　大厂聚鑫印刷有限责任公司印刷
◆开本：720×960　1/16
　印张：14　　2019年1月第1版
　字数：190千字　　2019年1月河北第1次印刷

定　价：49.00元

读者服务热线：（010） 81055522　印装质量热线：（010） 81055316
反盗版热线：（010） 81055315
广告经营许可证：京东工商广登字20170147号

前言

个人所得税改革是2018年讨论最热烈的话题之一，因为这关系到千家万户。因此，讲个人所得税的老师、专家也多了起来。同时相关图书也快速丰富了起来，从概述类的书到具体介绍使用方法的书，应有尽有。而本书以不具备税收知识或者仅具备基本税收知识的普通读者为对象，突出“轻松”和“实用”两大特色，让广大读者在轻松愉快的阅读中获得实用的纳税知识和技巧。本书围绕个人所得税改革的新动态，以简洁明了的语言和典型的案例阐述了个人所得税政策在企业各种场景下的应用，帮助企业更清晰地理解法律法规和政策要义，合理、依法纳税。

本书第一章重点阐述新个人所得税法案，用数字图谱展示个税层级。第二章从财务角度分析个税筹划，以案例形式降低阅读难度，使读者在了解新个税政策的同时，学会运用，做到事前筹划个税类别、交税等级。第三章从资本市值的角度分析企业如何筹划个税，介绍合伙企业、上市企业资产证券化的战略布局，破解自然人股东难题。第四章答疑解惑，针对当下新个税改革中的各种重点、难点、困惑点问题支招。

本书不是新个税政策解析手册，也不是个人所得税税务知识的解释说明，而是对具体应用场景中个人所得税的思考和各个应用场景下的实战案例分析。

本书既适合从零开始了解新个人所得税法的普通工薪族，也适合从事薪资管理的人力资源从业者、做工资薪酬绩效考核的财务人员。

作者从事财务管理工作多年，拥有多家上市企业的内部审计工作经验，对集团财务整体战略和落地方案有较深的理解和丰富的实战经验，对于企业合理、依法纳税有自己的看法和独到的见解。由于应用场景的不同，不同的人对于个人所得税的理解和认识可能存在差异，欢迎大家批评指正。

目录

第一章

个税篇

随着中国经济的持续快速增长，个人所得税的税收额连年攀升，它在税收结构中的地位日渐提高，目前已成为我国的第四大税种。但是，我们同时也注意到，个人所得税制度也暴露出一些问题，而本章重点解读了个人所得税税法的变革。

第一节　个人所得税概述

一、基本概念

在市场经济体制下，个人所得税是国税制结构中的主体税种之一，是一国财政收入的主要来源。当代税制优化理论始终把个人所得税作为重要的研究对象。

1. 个人所得税的概念

个人所得税是对个人（自然人）取得的各项应税所得征收的一种税。它的主要功能是调节收入分配，通过税收杠杆对社会经济运行进行引导和调整，同时还起到筹集财政收入、促进经济增长的作用。

2. 个人所得税制度的概念

税收制度是国家在一定历史条件下规定的各项税收法律、条例、征收管理办法和税收管理体制的总称。税收制度的法律形式是税法，而税法是由若干基本要素，如课税对象、纳税人、税率、纳税环节、纳税期限、减免税等构成。个人所得税作为一个税种，也是由以上要素构成的。

3. 我国现行个人所得税制度

个人所得税的税率，基本上分为比例税率和累进税率两类。当今多数国家采用累进税率，而我国采用的是累进税率与比例税率并用的税制。

我国个人所得税制度规定个人所得税的纳税人不仅涉及中国公民，也涉及在华取得所得的外籍人员和中国港、澳、台同胞，还涉及个体经营者、个人独资企业和合伙企业的投资者。

表 1-1　纳税人分类判定

纳税人类别	承担的纳税义务	判定标准
居民纳税人	负有无限纳税义务。其所取得的应纳税所得，无论是来源于中国境内还是中国境外任何地方，都要在中国境内缴纳个人所得税	住所标准和居住时间标准只要具备其中之一就应作为居民纳税人： ①住所标准："在中国境内有住所"是指因户籍、家庭、经济利益关系而在中国境内习惯性居住。 ②居住时间标准："在中国境内居住满 1 年"是指在一个纳税年度（即公历 1 月 1 日起至 12 月 31 日止）内，在中国境内居住满 183 日。在计算居住天数时，对临时离境应视同在华居住，不扣减其在华居住的天数。"临时离境"是指在一个纳税年度内，一次不超过 30 日或者多次累计不超过 90 日的离境
非居民纳税人	承担有限纳税义务，只就其来源于中国境内的所得，向中国缴纳个人所得税	在中国境内无住所又不居住或者无住所而在境内居住不满 1 年的个人。非居民纳税的判定必须同时满足以下两个条件： （1）在中国无住所； （2）在中国不居住或居住不满 1 年

表 1-2　纳税人的具体纳税义务

纳税人	征税对象	个人税负率
居民纳税人	（1）工资、薪金所得	0 ～ 45%
	（2）劳务报酬所得	20% ～ 40%
	（3）稿酬所得	14%
	（4）特许权使用费所得	20%
	（5）经营所得	5% ～ 35%
	（6）利息、股息、红利所得	20%
	（7）财产租赁所得	20%
	（8）财产转让所得	20%
	（9）偶然所得	（综合所得年度合并计算）
非居民纳税人	（1）工资、薪金所得	0 ～ 45%
	（2）劳务报酬所得	20% ～ 40%
	（3）稿酬所得	14%
	（4）特许权使用费所得	20%
	（5）经营所得	5% ～ 35%
	（6）利息、股息、红利所得	20%
	（7）财产租赁所得	20%
	（8）财产转让所得	20%
	（9）偶然所得	（月或者分项计算）

个人所得税的纳税人按照国际惯例，依据住所和居住时间两个标准，区分为居民和非居民，并分别承担不同的纳税义务。纳税人的具体分类如表 1-1 所示，具体的纳税义务如表 1-2 所示。

二、个人所得税的计税原理

个人所得税以个人的纯所得为计税依据，即计税时以纳税人的收入或报酬扣除有关费用以后的余额为计税依据。有关费用，一方面是指与获取收入和报酬有关的经营费用，另一方面是指维持纳税人自身及家庭生活需要的费用。它具体分为三类：第一，与应税收入相匹配的经营成本和费用；第二，与个人总体能力相匹配的免税扣除和家庭生计扣除；第三，为了体现特定社会目标而鼓励的支出，称为“特别费用扣除”，如慈善捐赠等。

三、个人所得税的征收模式

一般说来，个人所得税的征收模式有三种：分类征收制、综合征收制与混合征收制。

（1）分类征收制，是将纳税人不同来源、性质的所得项目，分别规定不同的税率征税。

（2）综合征收制，是对纳税人全年的各项所得加以汇总，就其总额进行征税。

（3）混合征收制，是对纳税人不同来源、性质的所得先分别按照不同的税率征税，然后将全年的各项所得进行汇总征税。

第二节　个税及社保的改革点

根据2018年8月20日五部委召开的社会保险费和非税收入征管职责划转动员会的部署：2018年12月10日前，要完成征管职责交接；2019年1月1日起，社保统一归税务部门征收。2019年8月31日，十三届全国人大常委会在两次审议后，表决通过新修正的个人所得税法（以下简称新个税法）。新个税法将于2019年1月1日起实施，其中工薪所得起征点和税率调整，先行于2018年10月1日起实施。不同于以往简单的个税起征点上调，新个税法及社保新政致力于为大家减轻教育、医疗、养老、生育、住房等负担。不过，由于此次新政涉及多项内容调整，很多人一时也搞不清到底自己的工资是涨了还是降了。

一、个人所得税的变化

我们可以从个税计算公式看个税改革前后的四大变化。

旧版个人所得税计算公式　个人所得税＝应纳税所得额 × 适用税率－速算扣除数＝（税前收入－三险一金－免征额－依法确定的其他扣除）× 适用税率－速算扣除数

新版个人所得税计算公式　个人所得税＝应纳税所得额 × 适用税率－速算扣除数＝（税前收入－三险一金－免征额－依法确定的其他扣除－专项附加扣除）× 适用税率－速算扣除数

变化1：提高免征额

个税起征点由原来的3 500元/月上调至5 000元/月，那么起征点提高，能省下多少钱？

以扣除五险一金后每月收入 8 000 元为例。

提高前：

起征点 3 500 元，应纳税所得额为 8 000−3 500=4 500（元）

应缴税额为 1 500 × 3%+（3 000 × 10%）=345（元）

提高后：

起征点 5 000 元，应纳税所得额为 8 000−5 000=3 000（元）

应缴税额为 1 500 × 3%+（1 500 × 3%）=90（元）

最终节省 255 元。

变化 2：首次增设专项附加扣除

所谓专项附加扣除，是指在计算综合所得应纳税额时，除了基本减除费用标准和三险一金（基本养老保险、基本医疗保险、失业保险、住房公积金）等专项扣除外，还允许额外扣除的项目，包括“子女教育支出”“继续教育支出”“大病医疗支出”“住房贷款利息和住房租金”“赡养老人支出”五项。

专项附加扣除范围和标准在向社会公开征求意见后依法于 2019 年 1 月 1 日起实施。今后，随着经济社会的发展和人民生活水平的提高，专项附加扣除的范围和标准还将调整。

变化 3：优化调整税率结构

以前税率为 10% 的部分所得的税率降为 3%；

以前税率为 20% 的所得，以及现行税率为 25% 的部分所得的税率降为 10%；

以前税率为 25% 的部分所得的税率降为 20%；

30%、35%、45% 这三档较高税率的级距保持不变。级距是指为实行按档次计税，把计税收入划分成的若干等级。税率取决于应纳税所得额所处的级距。

变化 4：速算扣除数逐级递升

在个税计算要素中大家最陌生的当属“速算扣除数”一项。笔者先解释下速算扣除数的含义：在超额累进税率计税法中，对计税依据直接乘上一级最高税率，得到的结果与真实的税额之差，这个差在每一级都是一个常数。事先推出这个常数，对于快速计算税额很有帮助，这个数叫“速算扣除数”，它的计算公式为：

本级速算扣除额 = 上一级最高应纳税所得额 ×（本级税率 − 上一级税率）+ 上一级速算扣除数

下面列出了 6 张表，表 1-3、表 1-5 和表 1-7 是改革前的税率表，与其相对应的改革后的税率表如表 1-4、表 1-6 和表 1-8 所示。

表 1-3 改革前的个人所得税税率表一

（工资、薪金所得）

级数	全月应纳税所得额（含税）	税率（%）	速算扣除数
1	不超过 1 500 元的	3	0
2	超过 1 500 元至 4 500 元的部分	10	105
3	超过 4 500 元至 9 000 元的部分	20	555
4	超过 9 000 元至 35 000 元的部分	25	1 005
5	超过 35 000 元至 55 000 元的部分	30	2 755
6	超过 55 000 元至 80 000 元的部分	35	5 505
7	超过 80 000 元的部分	45	13 505

说明

1. 本表含税级距中的应纳税所得额，是指每月收入金额 − 各项社会保险金（五险一金）− 起征点 3 500 元（外籍 4 800 元）的余额。

2. 含税级距适用于由纳税人负担税款的工资、薪金所得；不含税级距适用于由他人（单位）代付税款的工资、薪金所得。

表 1-4　改革后的个人所得税税率表一

综合所得（工资、薪金所得，劳务报酬所得，稿酬所得，特许权使用费）

级数	全月应纳税所得额（含税）	税率（%）	速算扣除数
1	不超过 3 000 元的	3	0
2	超过 3 000 元至 12 000 元的部分	10	210
3	超过 12 000 元至 25 000 元的部分	20	1 410
4	超过 25 000 元至 35 000 元的部分	25	2 660
5	超过 35 000 元至 55 000 元的部分	30	4 410
6	超过 55 000 元至 80 000 元的部分	35	7 160
7	超过 80 000 元的部分	45	15 160

说明

1. 本表含税级距中的应纳税所得额，是指综合所得额 - 各项社会保险金（五险一金）- 起征点 5 000 元（外籍 4 800 元）的余额。

2. 本表按照新个税法修正案税率推算。

表 1-5　改革前的个人所得税税率表二

（年终奖所得）

级数	平均每月收入	税率 (%)	速算扣除数
1	不超过 1 500 元的	3	0
2	超过 1 500 元至 4 500 元的部分	10	105
3	超过 4 500 元至 9 000 元的部分	20	555
4	超过 9 000 元至 35 000 元的部分	25	1 005
5	超过 35 000 元至 55 000 元的部分	30	2 775
6	超过 55 000 元至 80 000 元的部分	35	5 505
7	超过 80 000 元的部分	45	13 505

说明

1. 本表平均每月收入为年终奖所得金额除以 12 个月后的平均值。

2. 年终奖所得税率与改革前的工资、薪金所得税率相同。

表 1-6　改革后的个人所得税税率表二

（年终奖所得）

级数	全月应纳税所得额（含税）	全月应纳税所得额（不含税）	税率 (%)	速算扣除数
1	不超过 3 000 元的部分	不超过 2 910 元的部分	3	0
2	超过 3 000 元至 12 000 元的部分	超过 2 910 元至 11 010 元的部分	10	210
3	超过 12 000 元至 25 000 元的部分	超过 11 010 元至 21 410 元的部分	20	1 410
4	超过 25 000 元至 35 000 元的部分	超过 21 410 元至 28 910 元的部分	25	2 660
5	超过 35 000 元至 55 000 元的部分	超过 28 910 元至 42 910 元的部分	30	4 410
6	超过 55 000 元至 80 000 元的部分	超过 42 910 元至 59 160 元的部分	35	7 160
7	超过 80 000 元的部分	超过 59 160 元的部分	45	15 160

说明

1. 本表应纳税所得额指年终奖所得额除以 12 个月的平均值。

2. 年终奖所得税率与综合所得税率相同。

表 1-7　改革前的个人所得税税率表三

（个体工商户的生产、经营所得和对企事业单位的承包经营、承租经营所得）

级数	全月应纳税所得额（含税）	全月应纳税所得额（不含税）	税率（%）	速算扣除数
1	不超过 15 000 元的	不超过 14 250 元的部分	5	0
2	超过 15 000 元到 30 000 元的部分	超过 14 250 元至 27 750 元的部分	10	750
3	超过 30 000 元至 60 000 元的部分	超过 27 750 元至 51 750 元的部分	20	3 750
4	超过 60 000 元至 100 000 元的部分	超过 51 750 元至 79 750 元的部分	30	9 750
5	超过 100 000 元的部分	超过 79 750 元的部分	35	14 750

说明

1. 本表全月应纳税所得额（含税）指每一纳税年度的收入总额，减除成本、费用以及损失的余额。

2. 全月应纳税所得额（含税）适用于个体工商户的生产、经营所得和对企事业单位的承包经营承租经营所得。全月应纳税所得额（不含税）适用于由他人（单位）代付税款的承包经营、承租经营所得。

表 1-8　改革后的个人所得税税率表三
（经营所得）

级数	应纳税所得额（含税）	应纳税所得额（不含税）	税率（%）	速算扣除数
1	不超过 30 000 元的部分	不超过 28 500 元的部分	5	0
2	超过 30 000 元到 90 000 元的部分	超过 28 500 元至 82 500 元的部分	10	1500
3	超过 90 000 元至 300 000 元的部分	超过 82 500 元至 250 500 元的部分	20	10 500
4	超过 300 000 元至 500 000 元的部分	超过 250 500 元至 390 500 元的部分	30	40 500
5	超过 500 000 元的部分	超过 390 500 元的部分	35	65 500

说明
本表应纳税所得额（含税）指每一纳税年度的收入总额，减除成本、费用以及损失的余额。

变化 5：税收居民范围扩大

新个税法第一条规定：“在中国境内有住所，或者无住所而一个纳税年度内在中国境内居住满 183 天的个人，为居民个人，其从中国境内和境外取得的所得，依照本法规定缴纳个人所得税。”

也就是说，在一个纳税年度内在中国住满 183 天的境外人士，就属于中国的税收居民，须以其全球所得扣税。因而，税收力度加大，合理筹划难度加大。

二、社会保险费的变化

以往社会保险费征缴机构可以是社保经办部门，也可以是税务部门，个税新政策出台后明确规定：“2018 年 12 月 10 日前，社保费征管职责将由各级社保经办部门划转至税务部门；2019 年 1 月 1 日起，各项社保费由税务部门统一征收。”这一改革标志着在中国延续近 20 年的社保“双主体”征管格局将成为历史。看似区别不大，只是社会保险费用由以前的税务部门“代”收改为“征”收，但这意味着社会保险费成为某种形式的税收，之前企业以最低缴存基数缴存社会保险费的时代结束，企业和个人都需要按照实发工资缴纳社会保险费。

第三节　费用减除项目

个人所得税费用减除项目如表 1-9 所示。

表 1-9　个人所得税费用减除项目

扣除办法		所得项目
可以扣除费用	1. 定额扣除	工资、薪金所得
	2. 定额和定率扣除	劳务报酬所得；稿酬所得；特许权使用费所得；财产租赁所得
	3. 核算扣除	个体工商户生产经营所得；财产转让所得
	4. 定额和核算扣除	对企事业单位的承包经营、承租经营所得
不得扣除费用		利息、股息、红利所得；偶然所得；其他所得

第四节　附加减除费用

1. 附加减除费用 2 800 元（月扣除 2 000 元 +2 800 元 =4 800 元）。

2. 附加减除费用适用的具体范围如下：

（1）在中国境内的外商投资企业和外国企业中工作的外籍人员；

（2）在中国境内企业、事业单位、社会团体、国家机关中工作的外籍专家；

（3）在中国境内有住所而在中国境外任职或者受雇取得工资、薪金所得的个人；

（4）财政部确定的其他人员。

3. 华侨和我国港澳台同胞参照上述附加减除费用标准执行。华侨是指定居在国外的中国公民。具体界定如下（新个税法新增内容）：

（1）定居，是指中国公民已取得住在国长期或者永久居留权，并已在住在国连续居留两年，两年内累计居留不少于 18 个月；

（2）中国公民虽未取得住在国长期或者永久居留权，但已取得住在国连续 5 年以上（含 5 年）合法居留资格，5 年内在住在国累计居留不少于 30 个月，视为华侨；

（3）中国公民出国留学（包括公派和自费）在外学习期间，或因公务出国（包括外派劳务人员）在外工作期间，均不视为华侨。

第五节　应纳税所得额的其他规定

一、捐赠的扣除

（1）个人将其所得通过中国境内的社会团体、国家机关向教育和其他社会公益事业以及遭受严重自然灾害地区、贫困地区的捐赠，捐赠额未超过纳税人申报的应纳税所得额 30% 的部分，可以从应纳税所得额中扣除，超过部分不得扣除。

（2）自 2001 年 7 月 1 日起，个人通过非营利的社会团体和国家机关向农村义务教育的捐赠，在计算缴纳个人所得税时，准予在税前的所得额中全额扣除。

二、资助的扣除

个人的所得（不含偶然所得，经国务院财政部门确定征税的其他所得）用于对非关联的科研机构和高等学校研究开发新产品、新技术、新工艺所发生的研究开发经费的资助，经税务机关确定，可以全额在下月（工资、薪金所得）或下次（按次计征的所得）或当年（按年计征的所得）计征个人所得税时，从应纳税所得额中扣除，不足抵扣的，不得结转抵扣。

三、所得的形式

所得的形式一般是货币，但不仅限于货币，还有实物、有价证券等。

四、转租房的计税

个人承租房转租的，按照财产租赁所得征税。

五、个人转让离婚析产房屋的征税问题（2010年新增内容）

离婚析产是指离婚时，对仅限于婚姻存续期间的共同财产进行的分割。离婚析产房屋涉及不征税、免税、征税三类情况，如表1-10所示。

表1-10　离婚析产房屋的征税问题

征免状况	具体行为及解释
不征税	通过离婚析产方式分割属于共同财产的房屋产权而办理过户手续。 【解释】夫妻间分割共同财产的，不征税
免税	个人转让生活自用5年以上唯一一套离婚析产房屋的。 【解释】卖给夫妻之外的人，但房屋是生活自用房屋，是唯一的一套，并且居住满5年以上
征税	个人转让离婚析产房屋取得的收入（不属于免税的范围的），允许扣除其相应的财产原值和合理费用后，余额按照20%的税率缴纳个人所得税；其相应的财产原值，为房屋初次购置全部原值和相关税费之和乘以转让者占房屋所有权的比例。 例如：甲某与乙某离婚，按照甲某60%、乙某40%的比例分割一套3年前购置的共有房屋，该房屋原购置价与相关税费之和为80万元，现乙某将分得比例以50万元价格转让给甲某的哥哥。则乙某可扣除的原值及费用为 $80 \times 40\%=32$（万元）

第二章

财务篇

第一节　工资、薪资所得

◥ 案例一：实行年薪制的个人所得税改革前后对比分析

企业的蓬勃发展也带来了企业高管的薪资升级，“年薪”早已不是陌生的话题。百万、千万年薪，在上市企业的管理层中，也是司空见惯的事。年薪制即实行年薪制的个人平时按规定领取基本收入，年度结束后根据企业经营业绩的考核结果再确定其效益收入。下面以某企业 CFO 为例，解析其在个税及社保改革后，年薪收入所得的变化情况。某企业 CFO 在 2018 年同企业签订劳动合同，合同规定该 CFO 年薪为 120 万元，绩效奖金与管理考核指标挂钩。每月取得基本收入 30 000 元，2019 年 1 月 20 日，一次性取得上年度效益收入 840 000 元。按照《关于企业经营者试行年薪制后如何计征个人所得税的通知》规定，从 1996 年 1 月 1 日起，对试行年薪制的企业经营者取得的工资、薪金所得应纳的税款，可以实行按年计算、分月预缴的方式计征，即企业经营者按月领取的基本收入，应在减除 5 000 元的费用后，按适用税率计算应纳税款并预缴。年度结束领取效益收入后，合计其全年基本收入和效益收入，再按 12 个月平均计算实际应纳的税款。计算公式如下：

全年应纳税额 =［(全年基本收入和效益收入 ÷12－费用扣除标准）× 税率 − 速算扣除数］×12

改革前后个税计算过程比较参见表 2-1 和表 2-2。可以看出，改革后，基本收入工资每月减少个税缴纳金额 2 030 元，年度减少 24 360 元；年终奖减少 1 655 元。

表 2-1　个人所得税新旧计算比较（月度）

个税法	所得项目	收入额	社保	公积金	房贷利息或租金	子女教育费	继续教育	其他	合计	减除费用	应纳税所得额	适用税率	月应纳税额	年度税额
旧税法	正常工资薪金	30 000.00							0.00	3 500.00	26 500.00	0.25（1 005.00）	5 620.00	67 440.00
新税法	正常工资薪金	30 000.00							0.00	5 000.00	25 500.00	0.25（2 660.00）	3 590.00	43 080.00
节税													−2 030.00	−24 360.00

表 2-2　个人所得税新旧计算比较（年终奖）

个税法	所得项目	收入额	社保	公积金	房贷利息或租金	子女教育费	继续教育	其他	合计	减除费用	应纳税所得额	适用税率	应纳税额
旧税法	全年一次性资金收入	840 000.00							0.00		840 000.00		288 495.00
新税法	全年一次性资金收入	840 000.00							0.00		840 000.00		286 840.00
节税													−1 655.00

◥ 案例二：巧用公积金合法纳税

李女士是一家公司的中层经理，每月的工资、薪金所得约 20 000 元，扣除单位代缴的保险及公积金后约 15 560 元，根据个人所得税税率表，李女士每月要缴纳 846 元的个人所得税（如图 2-1 所示）。这对李女士来说是一笔不小的固定支出。李女士想知道，如何通过多缴纳住房公积金来合理纳税。

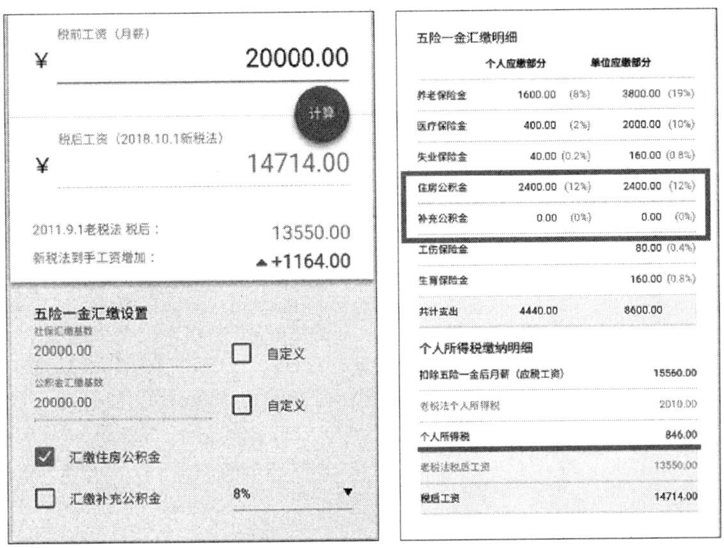

图 2-1 个税计算案例

李女士可利用住房公积金来进行合理纳税。

根据个人所得税有关规定，每月所缴纳的住房公积金是从税前工资、薪金所得扣除的，也就是说住房公积金是不用纳税的。同时，根据公积金管理办法，职工是可以缴纳补充公积金的。

据北京市住房公积金管理部门介绍，住房公积金由单位缴存和个人缴存两部分构成，其中单位缴存部分为缴存基数乘以单位的缴存比例；个人缴存部分则为缴存基数乘以个人的缴存比例。缴存基数是按照国家统计局《关于工资总额组成的规定》计算的员工本人上年度月平均工资总额（工资总额具体组成包括计时工资、计件工资、奖金、津贴、补贴和加班加点工资等）。单位、个人缴存比例最高均不得超过工资总额的 20%。也就是说，如果李女士的公积金缴存基数为 20 000 元，则其可合计缴存公积金 4 000 元，李女士还可以自己缴存补充公积金 1 600 元，这样，李女士每月交纳的个人所得税为 686 元，节省了 160 元（如图 2-2 所示）。

图 2-2　增加补充公积金后的个税计算

利用个人缴纳补充公积金进行合理纳税时需要注意两个问题：一是李女士所在单位需要开立个人补充公积金账户，该问题须由李女士所在单位解决；二是李女士虽然通过每月缴纳补充公积金节省了税费，但该笔资金不能随便支取，固化了个人资产。

◥ 案例三：利用纳税人身份认定的合理纳税

个人所得税的纳税义务人，包括居民纳税义务人和非居民纳税义务人。居民纳税义务人就其来源于中国境内或境外的全部所得缴纳个人所得税；而非居民纳税义务人仅就其来源于中国境内的所得，向中国缴纳个人所得税。很明显，非居民纳税义务人将会承担较轻的税负。

居住在中国境内的外国人、华侨和我国港澳台同胞，如果在一个纳税年度内，一次离境超过30日或多次离境累计超过90日的（简称“90天规则”），将不视为全年在中国境内居住。牢牢把握这个尺度就会避免成为个人所得税的居民纳税义务人，而仅就其来源于中国境内的所得缴纳个人所得税。

例：一位美国工程师受雇于美国总公司，从2015年10月起到中国境内的分公司帮助筹建某工程。2016年度内，曾离境60天回国向其总公司述职，又离境40天回国探亲。这两次离境时间相加超过90天。因此，该美国工程师为非居民纳税义务人。他从美国总公司收取的96 000元薪金，不是来源于中国境内的所得，不必缴纳个人所得税。这就是说，该美国人避免成为居民纳税义务人，从而节约了个人所得税5 700元，即12×[（96 000÷12−4 000）×15%−125]=5 700（元）。

案例四：个税改革后，外籍人员怎么缴税

大家都知道新个税法下国内居民的个税起征点从 3 500 元提高至 5 000 元，那么外籍人士的个税起征点是多少呢？答案是 5 000 元。

1. 纳税人的确定

（1）外籍人员只要在中国境内取得所得，就需要缴纳个税；

（2）如果在中国境内有住所或者在一个纳税年度内在中国境内居住满 183 天（旧个税法的规定是居住满 1 年），那么还需要就境外所得缴纳个税。

2. 应税所得范围调整

（1）新个税法第一条规定：居民纳税人就全球所得纳税，非居民纳税人就境内所得纳税。

（2）个税法修订后外籍人员及我国港澳台同胞的纳税义务如表 2-3 所示。

表 2-3　外籍人员及我国港澳台同胞纳税义务

居住时间	职务	境内所得境内纳税	境内所得非境内纳税	境外所得境内纳税
不超过 183 天	一般雇员	√	*	*
	高管	√	*	√
满 183 天不超过 5 天	一般雇员	√	√	√
	高管	√	√	√
满 5 年	一般雇员	√	√	√
	高管	√	√	√

3. 个税缴纳

非居民纳税人维持了原有的按月申报纳税的做法，而居民纳税人在继续实行代扣代缴的前提下，需要在次年进行汇算清缴。每月所扣的税款，应当在次月 15 日内缴入国库，并向税务机关报送纳税申报表。

第二节　劳务报酬所得

◥ 案例一：劳务报酬合同设计有技巧

赵老师是北京某名牌大学工商管理学院的教授，对企业管理颇有研究，经常应全国各地企业的邀请，到外地讲课。

2018 年 5 月，赵老师受邀与广州一家家电制造企业签约，双方约定由赵老师给该企业的经理层讲课，讲课时间是 10 天。关于讲课的劳务报酬，双方在合同中约定："甲方（企业）给乙方（赵老师）支付讲课费 50 000 元，往返交通费、住宿费、伙食费等一律由乙方自负。"

5 月 20 日，赵老师按期到广州授课。5 月 30 日，该企业财务人员支付赵老师劳务报酬费，并代扣代缴个人所得税 10 000 元，实际支付讲课费 40 000 元。根据表 2-4，计算过程如下：应纳个人所得税额 =50 000×（1-20%）×30%-2 000=10 000（元）；实际支付讲课费 =50 000-10 000=40 000（元）。

表 2-4　个人所得税预扣率表二

（居民个人劳务报酬所得预扣预缴适用）

级数	预扣预缴应纳税所得额	预扣率（%）	速算扣除数
1	不超过 20 000 元的	20	0
2	超过 20 000 元到 50 000 元的部分	30	2 000
3	超过 50 000 元的部分	40	7 000

赵老师 10 天的开销为：往返飞机票 3 000 元，住宿费 5 000 元，伙食费 1 000 元，其他费用开支 1 000 元。赵老师 10 天净收入为 30 000 元（40 000-3 000-5 000-1 000-1 000=3 000）。

返回北京后，其好友张先生来访。张先生是一位税务专家，经常为企业和个人进行纳税筹划。在两位好友的闲聊中，赵老师提到了授课一事。在审阅赵老师的讲课合同后，张先生指出，如果对合同进行修改，那么可以获得更大收益。张先生建议将合同中的报酬条款改为："甲方向乙方支付讲课费35 000元，往返飞机票、住宿费、伙食费及应纳税款全部由企业负责。"赵老师想了想，觉得很有道理。

本案涉及劳务报酬合同的设计技巧。根据新个税法第二条规定，劳务报酬所得应该缴纳个人所得税，但没有明确的条文规定一定要获得收入的个人缴纳。因而设计劳务报酬合同时，既可以规定由支付报酬者缴纳，也可以由获得报酬者缴纳。

张先生便很巧妙地利用了这一点。

很多人在签订劳务报酬合同时只注意到合同在法律层面的含义，却往往容易忽略其税收层面的含义，因而多缴了税款也不知道。有些合同从字面上看，好像可以获得很大收益，但扣除应缴税款及各项费用开支后，实际所得却远远下降。本案中的赵老师便属于这种情况。

张先生对合同所做的修改，从企业方来说，企业的实际支出并没有变多，甚至还可能有所减少。

其一，一般来说，企业提供住宿比较方便，伙食问题一般也容易解决，因而这方面的开支由企业负责时对比个人自理时，大大减少。

其二，合同规定的讲课费少了，相应来说，应该缴纳的个人所得税也就变少了。因而虽然修改后的合同规定，由企业缴纳税款，但实际上这部分税款可以由企业少付的讲课费进行弥补。

其三，费用的分散及减少使得企业列支更加方便，企业更乐意接受。

从赵老师这一方来说，收入增多是最好的结果。而且，由于赵老师在外讲课机会较多，如果每次都能多收入一笔，那么一年下来的总收益增加额也不在少数。

在日常经济生活中，个人会经常遇到提供劳务服务的机会，不同的合同签订方式可能会带来不同的效果，对个人的经济收入将会产生一定的影响，因而对合同的订立方式进行必要的设计安排意义重大。

一般而言，订立合同时应从以下几个角度进行考虑。

第一，最好将费用开支的责任归于企业一方。因为这样可以减少个人劳务报酬应纳税所得额，同时又不会给企业增加额外的负担。

第二，如果可能的话，可以将一次劳务活动分为几次去做，这样就可以使每次的应纳税所得额相对减少。根据新个税法第三条和《个人所得税法实施条例》第十一条规定可知，劳务报酬所得实际适用的是三级超额累进税率。在这种情况下，相对少的应纳税所得额适用的税率相对较低，税款相加以后，其总税额比合并缴纳时的税款数额要少。

第三，一定要在合同中用条款说明税款由谁支付，税款支付方不同，最终得到的实际收益也会不一样。

案例二：合理转换工资、薪金与劳务报酬所得

新个税法规定我国个人所得税对工资、薪金所得采用的是九级超额累进税率，随着应纳税所得额的增加，其适用的税率也随之攀升。因此，对工资、薪金类所得的筹划就显得特别重要。

钱先生是上海一家科技公司的数据挖掘分析师，2018 年 5 月从单位获得工资类收入 30 000 元。由于很多电商都在搭建数据分析模型来指导企业经营决策，因而钱先生的专业属于稀缺类。钱先生同月在 A 企业找了一份兼职工作，收入为每月 20 000 元，主要工作是帮助 A 企业做平台数据搭建分析模型。

图 2-3 是钱先生每月的收入构成，包括全职和兼职收入。

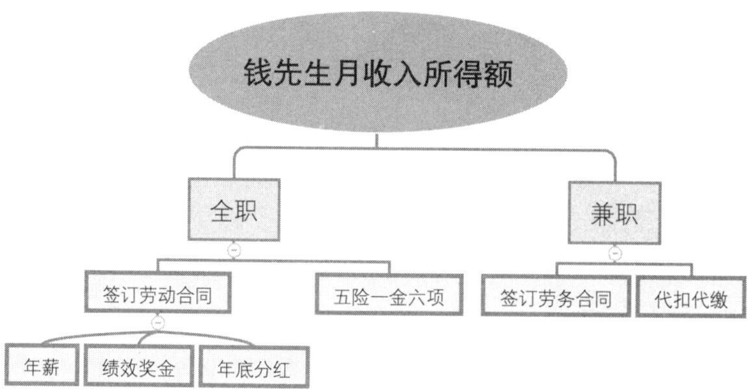

图 2-3　钱先生月收入情况

全职收入 30 000 万元工资、薪金所得个人所得税的计算如图 2-4 所示。

图 2-4　全职收入的纳税明细

兼职收入 20 000 万元工资、薪金所得的个人所得税计算如图 2-5 所示。

图 2-5　兼职收入的纳税明细

通过这个案例，我们来分析一下，在不考虑五险一金六项费用的情况下个税的计算，如表 2-5 所示。

表 2-5　分开纳税与合并纳税的比较

单位：元

收入类型	计算方式	税前工资	起征点	应纳税所得额	适用税率	速算扣除数	应纳税款	实发工资
综合所得	分开纳税	30 000	5 000	25 000	20%	1 410	3 590	26 410
		20 000	5 000	15 000	20%	1 410	1 590	18 410
							合计	44 820
	合并纳税	50 000	5 000	45 000	30%	4 410	9 090	40 910

从表 2-5 中可以看出，分开纳税比合并纳税实发工资多了 3 910 元（44 820−40 910=3 910 元）。因此，在某些情况下，个人的收入所得也要提前预算，在保证遵纪守法的前提下，合理筹划个人收入所得，做到依法合理纳税。在一般情况下，分开交税比合并交税应纳税款低很多。

◥ 案例三：个税改革前后，工资、薪金所得转化为劳务报酬所得的区别

孙先生是一名高级技师，2018 年 5 月获得某公司的工资类收入 62 500 元。如果孙先生和该公司存在稳定的雇佣与被雇佣关系，则应按工资、薪金所得缴税，其应纳税所得额为 62 500−5 000=57 500（元），其应纳税额为 57 500 × 35%−7 160=12 965（元）。如果孙先生和该公司不存在稳定的雇佣与被雇佣关系，则该项所得应按劳务报酬所得缴税，其应纳税额为 50 000 × 30%−2 000=13 000（元）。此算法为本次个税改革后的计算方式，那么，我们来比较一下改革前和改革后计算方式的差别（如表 2-6 所示）。

表 2-6　个税改革前后的纳税额比较

个税法	是否签订劳动合同	收入类型	税前工资	应纳税所得额	适用税率	速算扣除数	应纳税款	实发工资
改革后	签订	综合所得	62 500	57 500	35%	7 160	12 965	49 535
	未签订	劳务所得	62 500	50 000	30%	2 000	13 000	49 500
改革前	签订	综合所得	62 500	59 000	35%	5 505	15 145	47 355
	未签订	劳务所得	62 500	50 000	30%	2 000	13 000	49 500

个税法改革前，在某些特殊的情况下，签订劳动合同比没有签订劳动合同的工资收入少（在不考虑五险一金六项的条件下）。而修改后，签订劳动合同即工资、薪酬所得比不签订劳动合同的所得多。如果再把五险一金六项考虑进去，那么个税改革明显是更加有利于个人的。通过此分析也可以得出一个结论，企业和个人都要重视依法支付报酬和获得劳动收入。

案例四：电商征税政策陆续出台

近几年来，电商征税政策出台的消息不时传出，事实上，电商征税法规尚未出台，但相关交易及征税办法确实已经出台或正在酝酿之中。

为了促进和规范电子商务的发展，我国已经制定了《网络交易管理办法》。《税收征收管理法》（以下简称《征管法》）正在修订，《电子商务法》有望出台，还有一系列旨在规范和促进电商网商发展的政策会陆续出台。

1.《征管法》修订案提到了个人税号，涉及网上交易纳税内容

2015 年年初，国务院法制办公布《税收征收管理法修订草案（征求意见稿）》，该意见稿在多个章节增加了关于网上交易纳税的内容。

意见稿规定："从事网络交易的纳税人应当在其网站首页或者从事经营活动的主页面醒目位置，公开税务登记的登载信息或者电子链接标识。"第三十三条要求："网络交易平台向税务机关提供电子商务交易者的登记注册信息。"

意见稿还规定："建立统一的纳税人识别号制度，纳税人签订合同、协议，缴纳社会保险费，不动产登记以及办理其他涉税事项时，应当使用纳税人识别号。"这意味着未来每个公民可能都拥有一个由税务部门统一编制的数字代码标识确认身份，这可以使国家对很多无法人资质的个人商家存在的监管困难得到解决。这也意味着从法律层面，纳税将覆盖所有电商卖家，无论是公司还是个人。

2."无店铺零售业"政策将出台，规范电商经营管理

2015 年 5 月，商务部发布了《无店铺零售业经营管理试行办法（征求意见稿）》，无店铺零售指不通过店铺，由厂家或商家直接将商品递送给消费者的零售业态，包括电视购物、邮购、网上商店、电话购物和自动售货亭（自动贩卖机）等。其核心要求有 3 个：一是无店铺零售经营者应当提交营业执照；二是保护消费者不被零售经营者以任何方式骚扰；三是不能搞不正当竞

争，夸大宣传。

专家认为，这个办法的出台至少有三层意图：一是有关部门要整顿杂乱的电商市场；二是有关部门要向依附在电商平台的企业依法收税；三是用政策培育出更大规模的“互联网＋”企业。

第三节　稿酬所得

◥ 案例一：百万稿酬应纳多少税

新的个税改革方案可能再次大面积影响影视行业从业者，尤其是高收入的明星、作家、制片人等群体。

个税改革的核心要点如下：

（1）工资、薪金所得，劳务报酬，稿酬和特许权使用费等四项劳动性所得首次实行综合征税；

（2）个税起征点由每月 3 500 元提高至每月 5 000 元；

（3）首次增加子女教育支出、继续教育支出、大病医疗支出、住房贷款利息和住房租金等专项附加扣除。

这次改革重点提到了稿酬制度，一直以来，稿酬的优惠力度是非常大的，堪称最优惠的个税之一，下面以具体的案例来描述改革前后的变化。

稿酬的计算方式以前分为 4 000 元以下和 4 000 元以上两种，由于以 4 000 元以下的标准计算的情况不多，所以我们以 4 000 元以上的稿费为讨论重点。

这里假设作家 A 每个月稿费收入 1 万元，在个税改革前按照稿酬 ×（1-20%）× 20% ×（1-30%）的计算方式，得出应交个税金额为 1 120 元。

如果个税起征点调整到 5 000 元的话，那么相关优惠的力度就会减少，计算方式调整为（稿酬 - 各项社会社保 -5 000）× 10%，按照北京的社会保险最低基数为 3 000 元左右计算，所交个税约为 200 元。

对于月收入在 1 万左右的网络作家群体，个税改革是实实在在的减负，但是对于那些高收入网文作家则很难说了，这个征税设计对于他们来说影响很大。

以月入10万元计算，个税改革以前按照上述计算公式得出的应交税费为1.12万元；个税改革后每月应交税费为4.14万元。

这意味着个税改革后，对于月入10万元的作者而言每个月需要多纳税3万元，每年多纳税36万元，每年的纳税额达50万元。

▼ 案例二：稿酬所得等的个人所得税计算

作家李某2018年3月获得以下几笔收入。李某于2016年10月发表一部长篇小说，获得稿酬10 000元（已纳个人所得税），因该小说畅销，本月又加印，他取得稿酬2 000元。该小说在本月获得国家级文学奖，他获得奖金5 000元。李某在3月将一篇短篇小说文稿竞价拍卖，取得收入30 000元。李某于3月初将其位于市中心的自有两间120平方米的门面房出租给陈某经营服装，协议规定：租期一年，年租金96 000元，本月取得租金收入8 000元。另外，本月支付该出租房屋发生的修缮费用500元，取得普通发票；当月允许扣除的税费合计1 496元均已缴纳并取得税票。李某因购买体育彩票中奖获得奖金100 000元，其中40 000元通过民政部门捐赠给某贫困地区。李某在单位取得本月工资薪金收入8 800元（现金）。按照该单位内部的规定，员工工资薪金收入应纳税额的30%由单位负担，其余70%的应纳税额由员工负担。

李某3月份本人实际应负担的个人所得税额计算分析如下。

（1）李某获得的国家级文学奖免征个人所得税。

（2）李某取得的稿酬所得按规定应属于一次性收入，须合并计算应纳税额。

应纳税额为（10 000＋2 000）×（1−20%）×20%×（1−30%）=1 344（元）

2016年10月实际缴纳税额为10 000×（1−20%）×20%×（1−30%）=1 120（元）

本月稿酬所得应纳税额为1 344−1 120=224（元）

（3）作者将自己的文字作品手稿或复印件公开竞价拍卖，属于提供著作权的使用所得，应按特许权使用费所得项目计征个人所得税。

应纳税额为30 000×（1−20%）×20%=4 800（元）

（4）根据规定，纳税人出租财产取得财产租赁收入，在计算征税时，除可依法减除规定费用和有关税费外，还准予扣除能够提供有效、准确的凭证，证明由纳税人负担的该出租财产实际开支的修缮费用（以每次 800 元为限）。

应纳税额为 [8 000 ×（1−20%）−1 496−500] × 20%=880.80（元）

（5）彩票中奖取得奖金应纳税额如下。

允许扣除公益性捐赠额为 100 000 × 30%=30 000（元）

应纳税额为（100 000−30 000）× 20%=14 000（元）

（6）自己单位工资薪金应纳税额。

应纳税所得额为（未含雇主负担的税款的收入额 − 费用扣除标准 − 速算扣除数 × 负担比例）÷（1 − 税率 × 负担比例）

=（8 800−800−375 × 30%）÷（1−20% × 30%）=8 390.96（元）

应纳税额为 8 390.96 × 20%−375=1 303.19（元）

其中，李某应负担个人所得税为 1 303.19 × 70%=912.23（元）

综上，李某本月实际应负担个人所得税额为 224 ＋ 4 800 ＋ 880.80 ＋ 14 000 ＋ 912.23=20 817.03（元）

以上个人所得税相关法规如下。

（1）特许权使用费所得、财产租赁所得，每次收入不超过 4 000 元的，减除费用 800 元；4 000 元以上的，减除 20% 的费用，其余额为应纳税所得额。税率均是 20%。

应交所得税 = 应纳税所得额 × 适用税率（20%）

（2）财产转让所得，以转让财产的收入额减除财产原值和合理费用后的余额，为应纳税所得额，按 20% 的比例税率征收。

应交所得税 = 应纳税所得额 × 适用税率（20%）

（3）利息、股息、红利所得，偶然所得和其他所得，以每次收入额为应纳税所得额，适用 20% 的比例税率。

应交所得税 = 应纳税所得额 × 适用税率（20%）

1999 年 8 月 30 日第九届全国人民代表大会常务委员会第十一次会议通过

了《全国人大常委会关于修改个人所得税法的决定》，国务院据此发布了《对储蓄存款利息所得征收个人所得税的实施办法》，自 1999 年 11 月 1 日起对储蓄存款利息所得开始征收个人所得税。储蓄存款利息所得个人所得税按照每次取得的利息全额征收，税率是 20%。

需要注意的是，根据国家有关规定，允许集体所有制企业在改制为股份合作制企业时可以将有关资产量化给职工个人。同时，国家为了支持企业改组改制的顺利进行，对个人取得量化资产的个人所得税问题规定如下。

第一，对职工个人以股份形式取得的，仅作为分红依据，不拥有所有权的企业量化资产，不征收个人所得税。

第二，对职工个人以股份形式取得的拥有所有权的企业量化资产，暂缓征收个人所得税；待个人将股份转让时，就其转让收入额，减除个人取得该股份时实际支付的费用支出和合理转让费用后的余额，按财产转让所得项目计征个人所得税。

第三，对职工个人以股份形式取得的企业量化资产参与企业分配而获得的股息、红利，应按利息、股息、红利项目征收个人所得税。

第四节　特许权使用费所得

特许权使用费所得，是指个人提供专利权、商标权、著作权、非专利技术以及其他特许权的使用权取得的所得。在这方面的合理纳税，对于从事高科技研究、发明创造等人来讲，意义非常重大。

◥ 案例一：专利技术转让

中科院一位科研人员发明了一种新技术，该技术获得了国家专利，专利权属个人拥有。如果单纯将其转让，则可获转让收入 80 万元；如果将该专利折合股份投资，拥有相同价款的股权，则当年可获取股息收入 8 万元。试问该科研人员应采取哪种方式？

方案一：将专利单纯转让

首先，营改增之后有关法规规定，转让专利权属转让无形资产，应缴纳增值税。适用税率如图 2-6 所示。

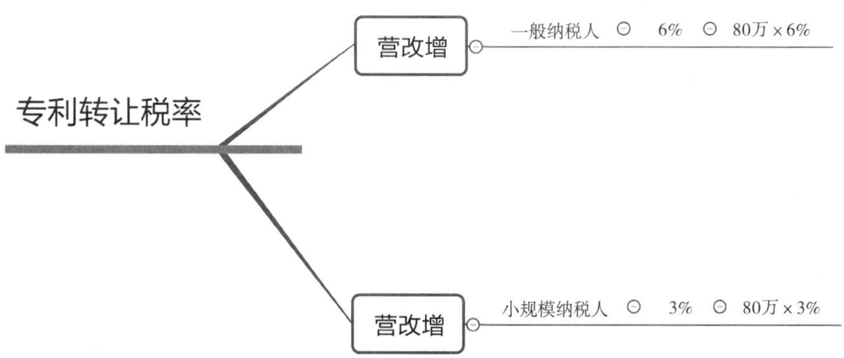

图 2-6　应纳增值税计算

依增值税应征收城建税和教育费附加，但因其数额小，在此忽略不计。

其次，根据个人所得税法的有关规定，转让专利使用权属特许权使用费收入，应缴纳个人所得税。特许权使用费收入以个人每次取得的收入，定额或定率减除规定费用后的余额为应纳税所得额。因为该科研人员一次收入已超过 4 000 元，应减除 20% 的费用，所以应纳个人所得税计算如图 2-7 所示。

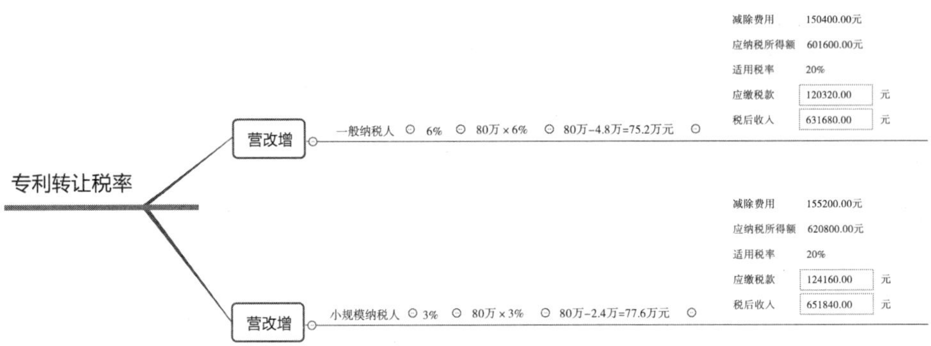

图 2-7 应纳个人所得税计算

方案二：将专利折合成股份，拥有股权

首先，以无形资产投资入股，参与接受投资方的利润分配，共同承担投资风险的行为，不征收增值税。由于科研人员将专利折合成股份投资，且拥有公司股权，则该股权所实现的收益是不确定的，存在风险，属于无形资产投资入股，免缴增值税。

其次，个人所得税法规定，拥有股权所取得的股息、红利，应按 20% 的比例税率缴纳个人所得税。

那么，当年应纳个人所得税：8×20%=1.6（万元）

税后所得为：8-1.6=6.4（万元）

通过专利投资，当年仅须负担 1.6 万元的税款。如果每年都可以获取股息收入 8 万元，那么经营 10 年，就可以收回全部转让收入，而且还可得到 80 万元的股份。

两种方案的利弊很明显：方案一没有什么风险，缴税之后，就可以实实在在地拥有个人所得，但它是一次性收入，税负太重，而且收入是固定的，没有升值的希望；方案二虽然缴税少，而且有升值的可能，但风险也大，是不确定的。如果希望这项专利能在相当长时间内带来收益，或者是该科研人员想换一个工作环境以追求个人价值最大化，那么最好选择投资经营。投资经营有两种。

一种是合伙经营，一方提供专利技术，另一方提供资金，建立股份制企业。只要双方事先约定好专利权占企业股份的比重，那么就可以根据各自占有企业股份的数量分配利润。如案例中的方案二，专利权折股 80 万元，那么这 80 万元将在经营期内分摊到产品成本中，通过产品销售收回。对该科研人员来讲，仅需要负担投资分红所负的税额，而股票在未转让之前，他不需要负担个税，而且，还可以得到企业利润或资本金配股所带来的收入。这时所须负担的个税是有限的。所以既取得专利收入又取得经营收入的方式，与单纯的专利转让相比，税收负担较轻。

另一种是个人投资建厂经营。这种方式是通过建厂投资，销售产品取得收入。大多数新建企业可以享受一定的减免税优惠，而且专利权并没有转让，所以在取得的收入中不必单独为专利支付税收。因此，在税收负担上，要负担的仅仅是流转税、企业所得税、工薪税等。将收入与税收负担相比，必然优于单纯的专利转让收入所要缴纳的个人所得税。

除此之外，应当注意专利权应是由国家主管机关依法授予专利申请人或其权利继承人在一定期间内实施其发明创造的专有权。

综上所述，特许权使用费所得的税收筹划应从长远考虑，进行全方位的筹划。

案例二：专利、非专利技术指导培训的纳税筹划

美国K公司是一家专门生产显示器回扫线圈的电子企业。2011年，该公司与北京某国有电子集团合资成立了中美合资北京J电子商品有限公司。由于美国K公司的技术在世界属于领先地位，技术水平较高，因而在北京公司投产经营之初，双方约定每季度由美国K公司派专门技术人员来华对北京公司的技术骨干进行技术指导，解决生产中发现的问题，并组织一场针对全体技术人员的培训。对于美国技术人员来华的技术指导与培训，北京J公司每次向K公司支付技术指导费5万美元，折合人民币约41.35万元。截至2013年年底，北京公司累计向美国K公司支付技术指导费661.6万元人民币。

案例分析

对于这笔技术指导费支出，北京J公司在每次向美国公司支付时，依据增值税税目中的“服务业”按照6%的税率代扣了增值税，即每次代扣美国K公司在华技术指导服务的增值税为41.35×6%=2.481（万元人民币），4年累计代扣税款9.924万元人民币。在税务专家对该公司进行涉税风险诊断时，对于该公司的这笔涉税业务操作，专家们认为，通过纳税筹划，可以达到减少税款支出的目的。

筹划方案

通过对该项业务涉税流程的分析，专家们提出：由于美国技术人员每次来华，不但要针对中方技术人员提出的问题进行技术上的指导，还要对全体技术人员开展一次最新技术操作的技术培训，而技术指导与技术培训在适用的增值税税率上是不同的。技术指导费的税率为6%；而技术培训属于咨询服务类，一般纳税人适用的税率为6%，小规模纳税人适用的税率为3%。显然，由于这两种活动之间存在的税率差，通过将北京公司向美国公司支付的技术指导费重新界定为技术指导和技术培训，并将支出总额在这两者之间合理划

分，可以达到合理减轻该涉税业务整体税负的目的。

在具体操作上，企业财务可通过重新签订技术服务合同，约定美国技术人员每次来华进行现场技术指导和技术培训，中方就这两项服务分别支付劳务费 0.5 万美元和 4.5 万美元，折合人民币 4.135 万元和 37.215 万元。

应当说明的是，由于该公司在 2013 年到 2015 年已经按照 6% 的税率代扣了美国公司 33.08 万元人民币的增值税，对于该项已经履行的纳税义务无法再予以改变，任何试图通过变动合同等文件资料的方式达到划分劳务性质、少缴税款的举措都已经超出了纳税筹划的既定范围，而成为一种偷逃税的违法行为，毕竟超前性是纳税筹划的一个根本属性，纳税筹划应体现的是“筹”而非“补”。对此，北京公司应按照专家提出的筹划思路，尽早与美国公司重新签订技术服务合同，在以后的应税劳务提供中，合法地缴纳税款。

第五节　经营所得

案例一：个人独资企业财产出租、转让的纳税筹划

某个人独资企业2017年度实现内部生产经营所得60 000元，另外，固定资产出租取得收益18 900元（年租赁收入20 000元，与之相关的税费为1 100元）。

方案一：该财产作为企业财产，租赁收益并入生产经营所得统一纳税

按旧个税法计算，税率参考表1-7，计算过程为：

应纳税额为（60 000+18 900）×30%−9 750=13 920.00（元）

按新个税法计算，税率参考表1-8，计算过程为：

应纳税额为（60 000+18 900）×10%−1 500=6 390.00（元）

个税改革后，个体经营所得从原来应纳税额13 920元降低到6 390元，减少了7 530元。从数字上可以证明，国家的新个税法在真正地减轻企业经营负担。同时也给了我们一个启发，未来可以把企业经营有计划、有目标地筹划为个体工商、一人有限、个人独资企业，这可以为企业带来更大实惠。

方案二：该财产作为投资者个人的其他财产，租赁收益按财产租赁所得单独纳税

财产租赁所得应纳税额为[20 000×（1−20%）−1 100]×20%=2 980（元）

生产、经营所得应纳税额为60 000×10%−1 500=4 500（元）

投资者合计应纳税额为4 500+2 980=7 480（元）

方案一比方案二减轻税负：7 480−6 390=1 090（元）

在实际操作中，如果该财产已作为企业财产，则投资者可通过减资的形式将企业财产变成投资者个人的其他财产（下同）。

◥ 案例二：个人独资企业财产转让收益的筹划

某个人独资企业2000年度实现内部生产经营所得100 000元，另外，取得财产转让收益41 700元（不动产原值30万元，已提折旧20万元，转让价15万元，转让过程中发生的税费8 300元）。

方案一：该财产作为企业财产，转让收益并入生产、经营所得统一纳税

按新个税法计算，税率参考表1-8，计算过程如下：

应纳税额为141 700×20%−10 500=17 840（元）

方案二：该财产作为投资者个人的其他财产，转让收益按"财产转让所得"单独纳税

"财产转让所得"应纳税额为41 700×20%=8 340（元）

"生产、经营所得"应纳税额为100 000×20%−10 500=9 500（元）

投资者合计应纳税额为9 500+8 340=17 840（元）

个税改革之后，在经营所得税率20%范围区间中，分开和合并的方案税负一样。

上例中，如果财产转让收入为60 000元，转让税费应为3 300元，则转让收益为60 000−（300 000−200 000）−3 300=−43 300（元）。两种方案计算的应纳税额如下。

方案一的应纳税额为（100 000−43 300）×10%−1 500=4 170（元）

方案二的财产转让所得应纳税额为零；生产、经营所得应纳税额为100 000×20%−10 500=9 500（元）

投资者应纳税额合计为9 500+0=9 500（元）

方案二比方案一增加税负：9 500−4 170=5 330（元）

从以上计算结果可以看出，纳税人根据需要通过增资或减资，将企业财产与个人财产进行相互转化，可以改变适用税目、税率，从而改变税负。

案例三：高收入人群成立个人独资企业在税务筹划中的运用

只要企业运作，就会有税收产生。就增值税而言，个人独资企业税率和征缴方式与公司没什么不同，两者的区别主要是在所得税方面。有限公司一般以查账征收方式，缴纳企业所得税，税率一般是企业净利润的25%。而个人独资企业则有查账征收和核定征收两种方式，缴纳个人所得税，适用的税率是5%～35%（如表1-8所示）。

一般情况下，建议小微企业采用核定征收的方式，这样缴税更少。

很多地方政府或新开发的经济园区为了招商引资，对个人独资企业有很多特殊的优惠政策。所以不管是对大企业还是对股东、自由职业者等高收入人群而言，个人独资企业都是一种很好的税务筹划工具。

以高管为例，通过设立个人独资企业，将工资收入转化为原企业与个人工作室之间的业务往来，变成个人工作室所得，就可以合理、合法地减少个税负担了。

举个例子，假设高管年薪300万元（月薪25万元），如果按工资收入纳税，那么扣除五险一金后，他适用的是35%这一档个税税率，每月需要缴税97 420元，一年将近缴纳117万元。

假设高管成立了个人工作室，一年开票额是300万元，核定征收税率是10%，那么需要缴纳的税金如下。

①增值税税金：300÷（1+3%）×3%=8.74（万元）

②附加税税金：8.74×11%=0.9614（万元）

③个人所得税税金：300×10%×35%−6.55=3.95（万元）

总税金：8.74+0.9614+3.95=13.6514（万元）

综合税率：$13.6514 \div 300 \times 100\% = 4.55\%$

通过计算我们发现，当高管的工资收入转变为个人独资企业的收入后，个人独资企业税率只有4.55%，远远低于工资个税的35%，总的税负成本也下降了将近100多万元。

案例四：股东分红、利润转移、工资代发

股东分红——个人独资企业纳税筹划

张某是某集团的股东之一，年底分红 80 万元，个人所得税征收税率为 20%，应缴纳的个税为 80×20%=16（万元）。张某在我国西南地区的某个城市成立了一家个人独资企业，申请核定征收，增值税奖励扶持地方留存的 30%～50%。

按此方法筹划个人所得税：80/1.03×10%（核定行业利润率）×10%（五级累进表）−0.15=0.63（万元）

增值税：80÷1.03×3%=2.33（万元）

奖励：2.33×50%（地方留存）×30%（奖励区间）=0.35（万元）

附加税：80÷1.03×3%×12%=0.28（万元）

总税额：0.63+（2.33−0.35）+0.28=2.89（万元）

节税：16−2.89=13.11（万元）

利润转移——个人独资企业纳税筹划

某设计公司为增值税一般纳税人，年收入 1 000 万元，费用支出 500 万元，利润为 500 万元。因为公司利润不再涉及增值税，企业所得税为 500×25%=125（万元）；个人所得税（分红）为 375×20%=75（万元），合计 200 万元。

通过在西南地区的某个城市设立个人独资企业核定征收，将原公司的利润 500 万元转入个人独资企业，涉及的税负如下。

个人所得税：500/1.03×10%（核定行业利润率）×30%（五级累进表）−4.05（速算扣除数）=10.51（万元）

增值税：500÷1.03×3%=14.56（万元）

奖励：14.56×50%（地方留存）×30%（奖励区间）=2.18（万元）

附加税：500 ÷ 1.03 × 3% × 12%=1.74（万元）

总税额：24.63 万元

节税：200−24.63=175.37（万元）

工资代发——个人独资企业纳税筹划

此筹划适用于业绩提成、奖金、佣金等结算。某公司高管月收入 5 万元，年收入则 60 万元，个人所得税为［（5−0.35）× 30%−0.441］× 12=11.448（万元）。现在西南地区的某个城市成立一家个人独资企业核定征收，涉及的税负如下。

增值税：60 ÷ 1.03 × 3%=1.75（万元）

奖励：1.75 × 50%（地方留存）× 30%（奖励区间）=0.26

附加税：60 ÷ 1.03 × 3% × 12%=0.21（万元）

个人所得税：60/1.03 × 10%（行业利润率）× 10%（五级累进表）−1 500（速算扣除数）=0.43（万元）

总税额：1.75−0.26+0.21+0.43=2.13（万元）

节税：11.448−2.13=9.318（万元）

案例五：国内首张个人网店税单案

2010 年 7 月 1 日，国内网店开始步入实名制时代。各界普遍猜测，这将是对网店征税的“前奏”。一年后，武汉市国税局开出国内首张个人网店税单——对淘宝某女装网店征税 430 余万元。

案情概述

武汉某女装品牌创建于2004年，最初为一家在淘宝网上销售的C2C网店。2009 年，根据品牌发展需求，该女装品牌办理了税务登记，成立了“武汉某服饰有限公司”，生产经营服装业务。2011 年 1 月，该女装品牌又成立了武汉某电子商务有限责任公司，注册资本达 200 万元，经营范围为：服装饰品、日用百货、鞋帽的设计及销售、计算机技术开发及服务、仓储服务。

武汉该女装品牌虽然已成立实体公司，且设有自己独立的 B2C 网站，但由于发展策略和网站资质等原因，公司的主体业务依旧通过淘宝网平台的网店实现。该女装品牌网店在 2010 年 12 月已成为淘宝网首个“三金冠”女装店铺（根据淘宝网交易数据分级规则，“三金冠”店铺的累计交易次数至少在 200 万元以上），公司员工接近 300 人，办公及仓储面积达 5 000 余平方米，并拥有公司自己的产品供应链、设计中心、摄影团队及摄影棚。

2011 年 6 月，针对该女装品牌的服饰有限公司未合并列入企业计征的网店销售利润，武汉市国税局的稽查局对其进行立案查处，共查补征收其 2010 年的增值税、企业所得税与滞纳金，共计 430.79 万元，其中增值税 305.80 万元，企业所得税根据收入利润率 4% 进行核定征收 101.90 万元，营业税金附加与滞纳金约 20 多万元。

案情分析

此案在全国引起广泛关注，有外界质疑：“国家目前并没有出台针对网上个人销售者的征税措施，核征税款是否欠妥？”

对此，武汉国税局在正式发布的“情况说明”中指出两点。第一，被征税的该女装品牌店属于实体经营企业，实体店名为武汉某服饰有限公司，2009 年在武汉市国税局硚口区局办理税务登记，生产经营服装业务，属增值税小规模纳税人。根据该局税收检查，武汉某服饰有限公司主要通过实体店和淘宝店网上销售女装，2010 年销售收入 1.05 亿元。第二，该女装品牌淘宝店仅是武汉某服饰有限公司的销售渠道之一，该公司另有正常的实体销售渠道。作为一家实体店，武汉某服饰有限公司应该承担纳税义务。因此，按照核实的不含税销售收入，认定该纳税人 2010 年应缴纳增值税 316.3 万元，企业所得税 105.95 万元及滞纳金等，共计 430.79 万元。

案件启示

案件中的武汉某服饰有限公司采用“实体注册公司＋网络销售渠道”的经营模式。这样的经营方式下，纳税人虽然进行了税务登记，在经营主体的信息确认上得到了保证，但其网络销售身份的独立性使得纳税人在实体注册企业纳税申报过程中，出现恶意或善意的应税销售额少申报甚至不申报的情况。目前，由于相关法律规范的空白，多数企业对于电子商务这种新交易方式下的纳税义务存在着诸多疑问甚至抱有侥幸心理不缴税。电子商务专家指出，征税是网店规范发展的必由之路。电商企业应顺应形势要求，规范企业的税收缴纳。

第三章

资本篇

第一节　利息、股息

◥ 案例一：股票期权：激励与节税一举两得

春节过后，某上市公司董事会决议向对公司有贡献的职员提供股票期权。张经理说，拿到公司的股票期权，心里多了一份责任感，今后要更加努力工作，因为自己已经是公司的主人了。

股票期权是指企业所有者向管理人员或员工提供的一种在一定期限内按照某一固定价格购买一定数量本公司股票的权利。其分为三类（如图 3-1 所示）。

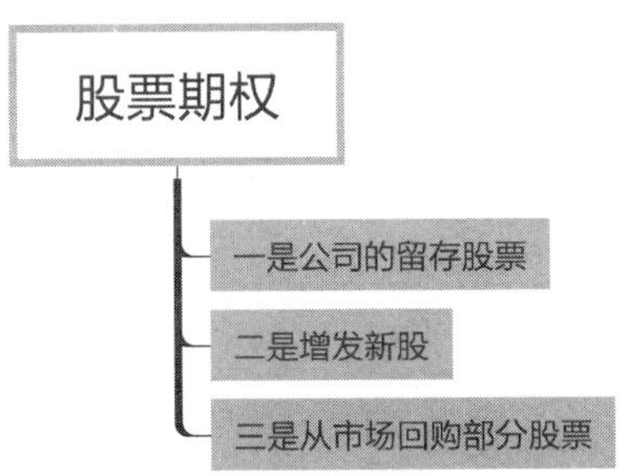

图 3-1　股票期权行权的股票来源

股票期权可以为员工带来丰厚的收入，对员工也有极强的吸引力。例如：某家公司在 2013 年 1 月 1 日给某员工 1 万股本公司股票期权，行使期限为

10年，约定的执行价格为每股1元。在约定的10年期限内，如果公司股票上涨到每股50元，该员工就可以从公司按每股1元的执行价格全部购进，然后再按每股50元的市价在市场上卖出，获利49万元。如果预计经营状况良好，股票进一步升值，员工也可以等到更高价格时再行使权利。当然，如果企业每况愈下，股票期权也可能变得一文不值。

如果个人认购股票等有价证券时从雇主取得折扣或补贴，在计算缴纳个人所得税时，因一次收入较多，全部计入当月工资、薪金所得计算缴纳个人所得税有困难的，可在报经当地主管税务机关批准后，自其实际认购股票等有价证券的当月起，在不超过6个月的期限内平均分月计入工资、薪金所得来计算缴纳个人所得税。

如果公司采取股票期权，将张某在6月份应得的6个月奖金120 000元作为购买股票的“补贴”，即按低于市场价格120 000元买入，则张某的该项“补贴”可以平均按6个月分摊，然后并入7～12月的工资薪金收入计算个人所得税，从而适用较低税率以降低税负。除此之外，这样处理还起到递延纳税的效果。

◥ 案例二：不按照出资比例分红

近两年，企业之间的股权转让业务越来越频繁且复杂，日益成为税企双方关注的重点。近日，某大企业股东将部分股权平价转让出去，最终股权仅有2%，分红权及表决权却高达20%，引发了税务机关的重点关注。那么，这种股权转让的商业目的合理吗？属于纳税筹划吗？

1. 2% 的股权，20% 的分红权

甲公司原有两个企业股东，A 公司出资 800 万元占 80% 的股权，B 公司出资 200 万元占 20% 的股权。现 A 公司将甲公司的部分股权转让给 C 公司，股权转让协议约定：C 公司出资 600 万元购买 A 公司持有的甲公司 60% 的股权，A 公司所持有的 60% 的股权实现了平价转让，无股权转让所得。转让后的股权结构为：A 公司出资 200 万元占 20% 的股权，B 公司出资 200 万元占 20% 的股权，C 公司出资 600 万元占 60% 的股权。

同时，股权转让协议约定：C 公司在其后需要对甲公司增资 9 600 万元，使甲公司的注册资金达到 1 亿元，增资后的股权结构为：A 公司出资 200 万元占 2% 的股权，B 公司出资 200 万元占 2% 的股权，C 公司出资 9 600 万元占 96% 的股权。

不过，甲公司章程同时规定，A 公司仍拥有 20% 的分红权及表决权，所以最终各方的分红权及表决权比例为：A 公司占 20%，B 公司占 2%，C 公司占 78%。获取这些信息后，税务机关认为这起平价转让股权的交易十分蹊跷，决定一探究竟。

2. 企业这样安排的目的

平价转让又附带超比例分红条款，这笔貌似特殊的股权转让业务，到底是怎么回事？

甲公司章程规定 A 公司具有超出资比例的表决权，这可以理解，但 A 公

司超过出资比例进行分红，法律是否允许呢？根据《公司法》第三十四条规定："股东按照实缴的出资比例分取红利；公司新增资本时，股东有权优先按照实缴的出资比例认缴出资。但是，全体股东约定不按照出资比例分取红利或者不按照出资比例优先认缴出资的除外。"可见，《公司法》认可股东可以按照约定的比例分红。

那么，A公司超过其出资比例的分红可以免缴企业所得税吗？《企业所得税法》第二十六条规定："符合条件的居民企业之间的股息、红利等权益性投资收益为免税收入。"另外，《企业所得税年度纳税申报表（A类）》及附表《符合条件的居民企业之间的股息、红利等权益性投资收益优惠明细表》填报说明中写明："依决定归属于本企业的股息、红利等权益性投资收益金额，填报纳税人按照投资比例或者其他方法计算的，实际归属于本公司的股息、红利等权益性投资收益金额。"A公司据此认为，纳税人按照其他合理方法计算的股息、红利等权益性投资收益可以免缴企业所得税。

一般来说，股权是指投资人由于向合伙企业或向企业法人投资而享有的权利，包括投资收益权、表决权、公司管理权和剩余资产分配权等，上述权利不可割裂。所谓股权转让，是公司股东依法将自己的股东权益有偿转让给他人，使他人取得股权的民事法律行为。甲公司目前经营情况一般，净资产略低于实收资本。原主要投资人A公司既想收回部分投资，又对企业的发展前景十分看好，不愿失去所拥有的股权，所以引进新的投资者，做了不对等分红权及表决权的股权转让。

3. 是否需要纳税存在争议

A公司平价转让股权，税务机关是否应该以其股权转让价格明显偏低而予以纳税调整呢？

一种观点认为，虽然表面上看A公司在当前并未实现所得，但实质上A

公司将本应计入当期的股权转让溢价收入递延至未来，通过 A 公司在甲公司未来超过其实际出资比例的分红权及表决权来实现。该交易如果是同股同权，A 公司的股权转让价格显然要高于目前的转让价格，则 A 公司立即产生利得；但 A 公司仍想在未来甲公司的经营中获得收益，且不愿其分红权及表决权被过度稀释而做出平价转让，等于将眼前的利得作了递延。

根据《税收征收管理法》第三十五条第六款规定："纳税人申报的计税依据明显偏低，又无正当理由的，税务机关有权核定其应纳税额。"因此，税务机关可以评估甲公司股权的市场公允价值，以确定 A 公司所转让股权的价值，据此计算其转让股权应实现的所得并征收企业所得税。同时，此种形式的股权转让是将当期应缴纳的股权转让企业所得税递延至未来缴纳，在一定程度上损害了国家的税收利益。如果不予以调整，那么可能会使一些企业利用此种形式的股权安排规避当期纳税义务。

另一种观点则认为，C 公司以 A 公司取得超比例分红权及表决权为代价实现了平价股权转让，实质上是 C 公司将其未来的部分收益向 A 公司作了让渡。在甲公司增资过程中 A 公司由于资金问题放弃了部分股权，且其不愿自身利益被过分稀释，因此设计了这种不对等的股权转让。股权转让价格虽然不公允，但具有合理的商业目的及正当理由。其未来的收益能否实现取决于甲公司的经营状况，具有不确定性，类似于一种看涨期权。

《税收征收管理法》规定，税务机关可以调整的情形需要同时满足"计税依据明显偏低"及"无正当理由"。此案虽然计税依据偏低但有正当理由，其主要目的并不在于纳税筹划。因此，税务机关不应调整其股权转让价格。依据税收法定原则，笔者赞同这种观点，但要防止个别企业利用此种形式，安排恶意纳税筹划。

案例三：股权转让纳税筹划要点

1. 股权转让纳税筹划的前提与基础

《企业所得税法》规定："符合条件的居民企业之间的股息、红利等权益性投资收益属于免税收入。"所得税实施细则对其作了定义："符合条件的居民企业之间的股息、红利等权益性投资收益，是指居民企业直接投资于其他居民企业取得的投资收益。"

《企业所得税法》从2008年1月1日开始正式施行，以上这一规定是下面案例中股权持有收益和股权转让收益进行转化从而实现纳税筹划的前提条件和基础。

2. 股权转让收入是否扣减未分配利润、盈余公积的国税政策沿革

（1）国税发〔2000〕118号第二条第一款规定如下。企业股权投资转让所得或损失是指企业因收回、转让或清算处置股权投资的收入减除股权投资成本后的余额。企业股权投资转让所得应并入企业的应纳税所得，依法缴纳企业所得税。

即：2000—2003年，内资企业转让股权不允许扣减投资者享有的未分配的留存收益。

（2）国税函〔2004〕390号文件规定如下。企业在一般的股权（包括转让股票或股份）买卖中，应按《国家税务总局关于企业股权投资业务若干所得税问题的通知》（国税发〔2000〕118号）有关规定执行。股权转让人应分享的被投资方累计未分配利润或累计盈余公积应确认为股权转让所得，不得确认为股息性质的所得。企业进行清算或转让全资子公司以及持股95%以上的企业时，投资方应分享的被投资方累计未分配利润和累计盈余公积应确认为投资方股息性质的所得。为避免对税后利润重复征税，影响企业改组活动，在计算投资方的股权转让所得时，允许从转让收入中减除上述股息性质的所得。

即只要对被投资企业持有的股份超过95%，就可以在股权转让价款中扣减未分配的留存收益。

（3）国税发〔1997〕71号文件（针对外商投资企业）规定如下。股权转让价是指，股权转让人就转让的股权所收取的包括现金、非货币资产或者权益等形式的金额；如被持股企业有未分配利润或税后提存的各项基金等股东留存收益的，股权转让人随转让股权一并转让该股东留存收益权的金额（以不超过被持股企业账面的分属为股权转让人的实有金额为限），属于该股权转让人的投资收益额，不计为股权转让价。

这说明2008年1月1日之前，内资企业只有转让持股超过95%以上股份或对被投资企业进行清算时才可以将股东留存收益权的金额从股权转让价中扣减，而外资企业无论持有被投资企业股份多少比例都可以将留存收益扣减。

（4）从2008年1月1日企业所得税施行后，国税函〔2009〕698号文件、国税函〔2010〕79号文件文件规定：股权转让征所得税，转让收入不允许扣减未分配利润、盈余公积。

3. 国税政策沿革的原因

国税函〔2004〕390号文件和国税发〔1997〕71号文件之所以规定留存收益可以在股权转让价格中扣减，是因为如果不允许扣减就会有重复纳税因素。

例如：A公司持有M公司100%股权，初始投资成本为100万元，M公司具有留存收益（未分配利润和盈余公积）100万元，2010年A公司将M公司的100%股权作价300万元转让给了B公司，股权转让所得税如何计算？

如果不允许扣减未分配利润和盈余公积，则股权转让所得为300-100=200（万元）。此时，100万元的未分配利润和盈余公积被计入了A公司转让所得缴纳企业所得税，而这100万元在被投资企业已经缴纳过一次企业所得税，是税后收益，这100万元的收益在A公司再次纳税属于一笔所得缴纳了两次企业所得税。因此，对于2018年1月1日之前转让外资企业以及转让内资企业持股95%以上股份的情形，允许扣减100万元的留存收益，以避免重复纳税，影响重组。

但是，国税函〔2009〕698号文件和国税函〔2010〕79号文件均规定，股权转让收入不允许扣减其持有的未分配利润和盈余公积。即A公司的转让所得为（300-100）-100=100（万元）

为什么企业所得税施行后，国税发文规定股权转让收入一律不允许扣减未分配利润和盈余公积呢？原因有二。

第一，经济意义上的重复征税，在税制设计中并不违背原则。重复征税有法律意义上的重复纳税、经济意义上的重复征税之分，法律意义上的重复征税是指一笔所得在相同的法律主体被重复征税，而经济意义上的重复征税是指一笔所得在不同的纳税主体重复纳税。法律意义上的重复征税，违背了“税不重征”的原则，是需要坚决避免的；而经济意义上的重复征税，在税制设计上并不完全排斥。在以上股权转让中，M公司就100万元所得已经缴纳过企业所得税，属于税后收益，A公司就该笔所得再次纳税，属于典型的经济意义上的重复征税。类似的还有增值税中转让不动产的价值，在2003年1月1日财税〔2003〕16号文件规定出台前，不允许扣减其购入不动产的价值，显然不动产购入价格部分被重复征收了增值税，但是这属于不同纳税人就同一笔所得的重复征税，即经济意义上的重复征税。在税制设计上，虽然要尽量避免经济意义上的重复征税，但是并不完全排斥。因此，国税总局不允许扣减留存收益的规定，在税制理论上是没有问题的。

第二，从整个社会来看，国税函〔2010〕79号文件的规定并未造成重复纳税，相反允许扣减留存收益会造成税制漏洞。

例如，上例中B公司300万元购入M公司100%股权，假设B公司购入后立即分红100万元（这里的盈余公积是不能分配的，这个因素暂时忽略不影响理论上的正确性），B公司分红后，立即将股权再次转让，转让价格理论上只能为200万元，则B公司的股权转让所得为200-300=-100（万元），B公司存在100万元的股权转让损失，而这100万元的股权转让损失是可以弥补其他所得亏损的，在税收利益上实现了平衡。即：M公司就100万元部分纳税，A公司就留存收益部分所得100万元部分纳税，B公司实际用100万元亏损可以弥补其他所得的亏损。一笔所得征收了两次税，又弥补了一次亏损，在理论上达到了平衡。

如果允许扣减留存收益，则上例就会变为M公司已经缴纳过一次税款，A公司就100万元抵减后不纳税，而B公司依然就包含留存收益的300万元作为投资成本，再次转让时可能会产生一次亏损。因此一笔所得，缴纳过一次税款，又弥补了一次亏损，最终没有纳税，国家的税收利益受到损失，存在税制漏洞和税收筹划的空间。

那么，反过来规定允许A公司可以扣减留存收益，而B公司的投资成本按照200万元计算又如何呢？这不符合《企业所得税法实施条例》第五十六条规定的历史成本原则，更为重要的是，在征管上无法控制，会增加太多的征管成本。因此这种方式理论上可以讨论，实践中难以行得通。

案例四：专项基金筹划法

国家为了发展教育事业，在制定各项政策时，也给予教育一定的优惠。《对储蓄存款利息所得征收个人所得税实施办法》第五条规定“对个人取得的教育储蓄存款利息所得以及财政部门确定的其他专项储蓄存款或者储蓄性专项基金存款的利息所得，免征个人所得税。”

所谓教育储蓄是指个人按照国家有关规定在指定银行开户、存入规定数额资金、用于教育目的的专项储蓄。在我国，中国工商银行是唯一一家开办教育储蓄业务的指定银行。《教育储蓄试行办法》中提出要鼓励城乡居民以储蓄存款方式，为其子女接受非义务教育储蓄基金，促进国家教育事业健康发展，对教育储蓄给予利率上的优惠，即存期分为三年、六年两种，其中三年期按照开户日中国人民银行公告的三年期整存整取定期储蓄存款利率计付利息；六年期按照开户日中国人民银行公告的五年期整存整取定期储蓄存款利率计付利息。

财税字〔1999〕267号文件规定，根据《对储蓄存款利息所得征收个人所得税实施办法》第五条规定，为保证和支持社会保障制度和住房制度改革顺利实施，先明确按照国家及地方政府规定的比例交付的下列专项基金或资金存入银行个人账户所取得的利息收入免征个人所得税：①住房公积金；②医疗保险金；③基本养老保险金；④失业保险基金。

现在利用这些政策进行纳税筹划，一般的做法就是指个人的存款以教育基金或其他免税基金的形式存入金融机构，以减轻自己的税收负担。纳税人可以利用税法的优惠政策，认真做好筹划，合理安排其子女的教育资金、家庭的住房公积金、医疗保险金等支出，这样不仅自己少缴税款，而且也能保障子女将来的教育开销和家庭的正常生活秩序。但使用这种方式进行纳税筹划具有一定的局限性，这些基金的存放一般都规定了最高数额限制，比如教育储蓄每一账户的最高限额为2万元，对于拥有大量资金的储户来说不适用，加上储蓄存款实名制，使得运用该种方法进行纳税筹划活动受到一定的限制。

案例五：所得再投资筹划法

对于个人因持有某公司的股票、债券而取得的股息、红利所得，税法规定予以征收个人所得税。但为了鼓励企业和个人进行投资和再投资，各国都不对企业留存未分配利润征收所得税。如果个人对企业的前景看好，就可以将本该领取的股息、红利所得留在企业，作为对公司的再投资，而企业则可以将这部分所得以股票或债券的形式记在个人名下。这种做法既可以避免缴纳个人所得税，又可以更好地促进企业的发展，使得个人的股票价值更加可观。但这种方法适用于个人对企业的前景比较乐观的情况。

例如，刘先生因持有甲公司的股票，年终时将获得该公司股息及红利所得 20 万元。如果刘先生将这项所得继续投入该公司，那么预计明年将获得 10% 的股息红利；如果刘先生将这项所得领取并投入乙公司，那么预计明年将获得 20% 的股息、红利所得。刘先生应如何决策？

如果刘先生将股息、红利所得继续投入该公司，第二年将获得股息红利所得：20 × 10%=2（万元）

如果刘先生将该项所得投入乙公司，则：

应纳税额为 20 × 20%=4（万元）；

净收益为 20−4=16（万元）；

第二年收益为 16 × 20%=3.2（万元）。

由此可见，投资乙公司更有利。

▼ 案例六：现金池税务管控

跨国公司青睐银行的现金池工具，旨在强化企业现金流的统筹管理，降低财务运作成本，满足决策层的财务管控目标。而与现金池紧密耦合的集团式委托贷款业务，则解决了集团内不同法人账户间非贸易背景的资金转移与有悖我国《贷款通则》相关规定的问题。但委托贷款模式也会产生额外的税务成本。因此，如何选择合适的现金池结构，使其在实现集团内部资金调剂目标的同时，尽可能地降低税务成本，成为众多跨国公司的目标。

现金池产品

银行的现金池产品随着信息技术的发展以及企业司库管理需求的演变而不断更新换代，根据资金归集方式和归集时间的不同，目前实务中主要有定时现金池、实时现金池和虚拟现金池三类产品。

根据构建方式的不同，现金池产品的运营模式主要分为两种：一种是通过在集团内部设立结算中心或全球性的财务共享服务中心来构建现金池（以下称“结算中心现金池运营模式”），另一种是通过集团财务公司来构建现金池（以下称“财务公司现金池运营模式”）。无论是哪一种运营模式，其运转均会涉及不同法人实体账户间的资金转移，而根据我国《贷款通则》的相关规定，并不允许公司间的直接借贷。因此，在实务中采用集团式委托贷款的方式，实现资金在集团内部的划拨。这其中会产生以下几类税务成本。

一是现金池成员企业的现金池利息增值税。营改增之前，同一集团下属不同法人之间的委托贷款须按“金融保险业”税目征收营业税。营改增之后，同一集团下属不同法人之间的委托贷款应当按照《营业税改征增值税试点实施办法》中的贷款服务缴纳增值税。需要注意的是，根据《关于全面推开营业税改征增值税试点的通知》（财税〔2016〕36 号）的规定，存款利息属于不征收增值税的项目，对于实行财务公司现金池运营模式的集团而言，由于财务公司属于金融机构，因此现金池成员企业上存财务公司所取得的存款利息无须缴纳增值税。

二是集团母公司的现金池利息增值税。无论是结算中心现金池运营模式还是财务公司现金池运营模式，只要成员企业从现金池借入资金，就意味着集团母公司向其提供了贷款，由此收取的现金池贷款利息收入须缴纳增值税。

三是企业所得税。利息收入属于企业所得税规定的应税收入，就现金池集团式委托贷款而言，集团成员企业收取的利息收入须缴纳企业所得税，同时成员企业间支付的利息不超过按照金融企业同期同类贷款利率计算的数额的部分方可税前扣除。

四是印花税。根据《印花税暂行条例》的相关规定，对于银行及其他金融组织和借款人（不包括银行同业拆借）签订的借款合同，按借款金额的万分之零点五贴花。在结算中心现金池运营模式下，由于结算中心不是金融机构，因此它与项目公司签订的借款合同无须缴纳印花税，而在财务公司现金池运营模式下，由于财务公司属于金融组织，因此其和子公司签订的借款合同应缴纳印花税。

税务成本管控

在上述四类税务成本中，利息增值税占据主要地位，其计征依据包括集团委托贷款规模，以及由现金池内部互拆资金而产生的利息收入。因此，企业司库在构建现金池过程中，如何选择合适的现金池结构，以使对应的集团式委托贷款规模和利息规模尽可能减少，是管控税务成本的关键。在目前常见的现金池产品中，根据实际税负的不同，可划分为普通现金池和轧差现金池两类结构。

二层级的普通现金池结构如图 3-2 所示。在该类现金池结构下，一层为集团母公司主账户，二层为各成员企业账户。假设 T 日末 A、B、C 子公司分别上存集团主账户 100 万元、200 万元、300 万元，则该现金池集团式委托贷款规模为 600 万元。T+1 日间，A 子公司账户资金没有变化；B 子公司发生对外支付 300 万元，相应地，集团拨回其上存资金 200 万元并拆给 B 子公司 100 万元；C 子公司收到外部汇款 200 万元并上存集团账户，相应地，集团主账户金额达到 500 万元，现金池对应的集团式委托贷款规模为 700 万元（见表 3-1），其中 600 万元属于子公司上存集团账户的资金，100 万元为集团向子公司拆借的资金。在结算中心现金池运营模式下，对应的增值税销项税额计征依据为 700 万元委托贷款规模对应的利息金额；在财务公司现金池运营模式下，A 子公司和 C 子公司上存财务公司金融机构所取得的存款利息无须缴纳增值税，集团增值税销项税额计征依据为集团公司拆借给 B 子公司的 100 万元所对应的利息金额。

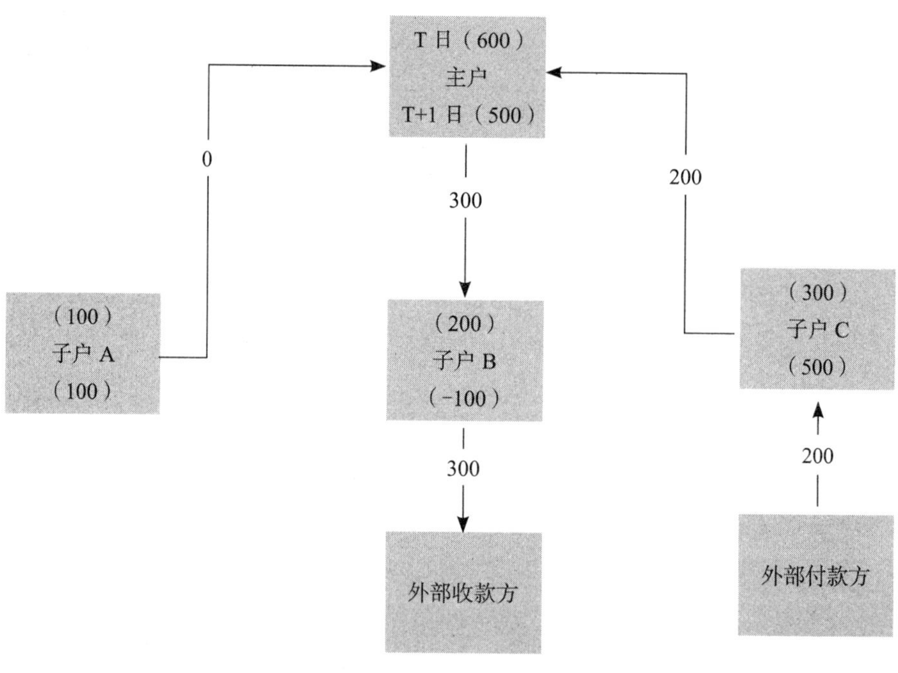

图 3-2　二层级普通现金池结构

表 3-1　二层级普通现金池结构下的集团式委贷规模

单位：万元

	付息贷款	收息贷款
主户	600	100
A		100
B	100	
C		500
	集团式委贷规模	700

三层级的轧差现金池结构如图 3-3 所示。随着企业管理模式的不断创新，企业司库对资金管理的要求也在不断提高，迫切需要现金池既满足集团统一

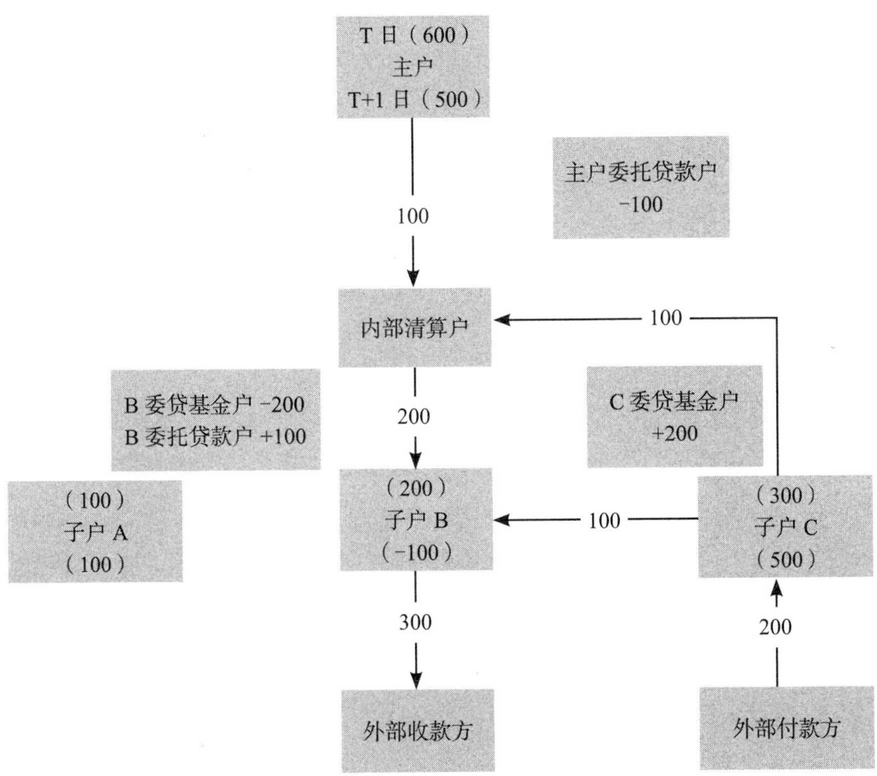

单位：万元

图 3-3　三层级轧差式现金池结构

支配现金池资金头寸的需求，又能使成员企业按需进行资金拆借，同时又符合《贷款通则》对集团内部法人实体间无贸易背景下资金转移需按委贷记账的要求，此外还能够减少现金池集团式委贷的相关利息税负。对此，业内已开始有部分银行推出三层级的轧差现金池，以满足企业司库对资金管理的多重诉求。

在该类现金池结构下，一层为主账户，二层为内部清算户，三层为各成员企业账户。三层级账户资金实时联动。集团母公司对每个池成员账户设置内部借款委贷利率计价参数，通过轧差池内部清算户每日分别按借方和贷方汇总形成对账单，每日子公司间资金轧差后的净额，通过内部清算户与主账户发生归集或下拨，集团母公司对主账户设置其向现金池借款的委贷利率计价参数，每日按净额归集形成对账单。假设 T 日终 A、B、C 子公司上存主账户资金分别为 100 万元、200 万元、300 万元，即主账户余额 600 万元；T+1 日间，B 子公司发生对外支付 300 万元（假设总部允许其现金池内部足够的透支额度），则 B 子公司在主账户的上存余额扣减为零，同时向现金池借款 100 万元；C 子公司收到外部汇款 200 万元，其中 100 万元通过内部清算户用于填补被 B 子公司拆借的 100 万元后，剩余的轧差净额 100 万元被归集至主账户，此步骤 C 子公司的委托贷款基金户增加 200 万元，但主账户的委托贷款余额实际减少 100 万元，整个现金池的集团式委托贷款规模为 600 万元（见表 3-2）。

表 3-2　三层级轧差现金池结构下的集团式委贷规模

单位：万元

	付息贷款	收息贷款
主户	500	
A		100
B	100	
C		500
	集团式委贷规模	600

从操作流程上可以看出，相比普通现金池模式，在轧差现金池模式下，成员企业在向主账户拆入资金时，无须再经历“先上存，再下拨”的双边集团式委贷，而是直接实现资金的“二步式”归集：第一步，子公司之间通过内部清算户实现平行委贷轧差清算；第二步，轧差后的净头寸归集至主账户（如为负则由主账户下拨）。通过设立内部清算户进行净额归集，作为增值税销项税额计征依据的是600万元委托贷款规模对应的利息金额，相比普通现金池节省了100万元委贷规模对应的利息税负。如果该集团采用的是财务公司现金池运营模式，由于A子公司和C子公司上存财务公司所取得的存款收息无须缴纳增值税，同时集团没有收息贷款，因此增值税计征依据为零。

第二节　财产租赁所得、财产转让所得

◥ 案例一：非居民企业转让境内股权转让所得计算方法

美国某公司2006年1月投资100万美元，在境内成立外商独资企业。投资资本到账当天的美元汇率为8.27。2010年1月，美国公司将拥有的该外商投资企业股权全部转让给中国公司，转让价款为827万元人民币，于2010年1月15日支付。当天美元兑人民币汇率为6.81。

方法1：827-827=0 股权转让所得为0。

方法2：827÷6.81=121.44（万美元）。折算为人民币的股权转让所得为（121.44-100）×6.81×10%=14.6（万元人民币）

两种方法的不同在于到底按照人民币计价计算所得纳税，还是按照美元计算所得，再折合为人民币纳税。国税函〔2009〕698号文件第四条规定："在计算股权转让所得时，以非居民企业向被转让股权的中国居民企业投资时或向原投资方购买该股权时的币种计算股权转让价和股权成本价。如果同一非居民企业存在多次投资的，以首次投入资本时的币种计算股权转让价和股权成本价，以加权平均法计算股权成本价；多次投资时币种不一致的，则应按照每次投入资本当日的汇率换算成首次投资时的币种。"

所以，显然方法2是正确的，应纳缴纳企业所得额14.6万元人民币。也就是说，投资者投资期间人民币升值了，而投资者收到的人民币可以换取更多的美元，股权转让所得中还包括了人民币升值的收益并入到股权转让所得中纳税，否则这部分人民币升值的收益将永远无从体现。

◥ 案例二：多次投资转让股权，计算投资成本应该用“加权平均法”计算投资成本

例如，A 公司 2006 年投资 M 公司，投资成本为 1 000 万元，占 M 公司 30% 的股份，2018 年 A 公司又购入另一位股东 20% 的股份，购入价格 1 000 万元，从而 A 公司持有了 M 公司 50% 的股份，2010 年 A 公司将其持有的 10% 股份转让给 B 公司，请问 A 公司的股权转让成本如何计算？

国税函〔2009〕698 号文件规定，对非居民企业多次投入转让时要采取加权平均法，虽然对于居民企业转让股权未明确规定采取加权平均法，但是道理是相通的，应当参照处理。因此，上例中 50% 股权的持股成本为 2 000 万元，所以转让 10% 股权的持股成本为 400 万元。

案例三：股权投资损失的处理

2008 年以前的税收政策

（1）国税发〔2000〕118 号文件规定，只能在投资收益的范围内扣除。国税发〔2000〕118 号文件第二条第三款规定：“企业因收回、转让或清算处置股权投资而发生的股权投资损失，可以在税前扣除，但每一纳税年度扣除的股权投资损失，不得超过当年实现的股权投资收益和投资转让所得，超过部分可无限期向以后纳税年度结转扣除。”

（2）国税函〔2008〕264 号文件，重申了这一规定，但是将无限期递延改为 5 年递延，在第 6 年仍无法扣除的，可以一次性扣除。

国税函〔2008〕264 号文件第二条规定：“企业因收回、转让或清算处置股权投资而发生的权益性投资转让损失，可以在税前扣除，但每一纳税年度扣除的股权投资损失，不得超过当年实现的股权投资收益和股权投资转让所得，超过部分可向以后纳税年度结转扣除。企业股权投资转让损失连续向后结转 5 年仍不能从股权投资收益和股权投资转让所得中扣除的，准予在该股权投资转让年度后第 6 年一次性扣除。”

2008 年以后的税收政策

国家税务总局 2010 年 6 号公告，明确股权转让损失可以一次性扣除。

2008 年以后，国税函〔2008〕264 号文件的效力问题争议四起，而所得税纳税申报表附表十一又专门设计了 5 年递延的附报表格，更加重了不允许一次扣除的争议，且国税发〔2009〕88 号文件也没有明确提出股权转让损失问题，因此各省在 2008 年、2009 年的汇缴中答案不一。

国家税务总局在 2010 年 6 号公告中，终于明确了该政策：“企业对外进行权益性（以下简称股权）投资所发生的损失，在经确认的损失发生年度，作为企业损失在计算企业应纳税所得额时一次性扣除。本规定自 2010 年 1 月

1日起执行。本规定发布以前，企业发生的尚未处理的股权投资损失，按照本规定，准予在2010年度一次性扣除。”

至此，股权损失是否可以扣除问题的争议尘埃落定，股权投资损失可以一次性扣除了。根据国税发〔2009〕88号文件规定：“企业按照有关规定通过证券交易场所、银行间市场买卖债券、股票、基金以及金融衍生产品等发生的损失，可以自行计算扣除，而一般的股权转让损失没有纳入自行计算扣除的范围，因此股权转让损失虽然可以一次性扣除，但是需要报经税务机关批准方可扣除。”

股权转让损失与股息红利所得的转化同“纳税筹划式”基金的道理也有相通之处。

▼ 案例四：股权转让方式及税务筹划

先分红后用未分配利润转增资本，最后再转让股权。

例如，A公司投资M公司的初始投资成本为4 000万元，占M公司股份的40%，B公司出资6 000万元，占M公司60%的股份，由于双方持股比例接近，公司治理屡屡引发矛盾，因此A公司萌生去意，准备将其持有股份全部转让给B公司。截至股权转让前，M公司的未分配利润为5 000万元，盈余公积为5 000万元。2009年，A公司将其股份作价12 000万元全部转让给B公司，股权转让完成后，M公司成为B公司的全资子公司。

A公司的股份转让方案有四种。

第一种方案：直接转让股权。A公司股权转让所得为12 000−4 000=8 000（万元）。应缴企业所得税为8 000×25%=2 000（万元），A公司在M公司享有的未分配利润、盈余公积份额不能直接扣减。

第二种方案：先分红后转让。M公司先分红，A公司根据持股比例可以分得5 000×40%=2 000（万元），分红后A公司股权作价只剩12 000−2 000=10 000（万元）。A公司分得股息红利2 000万元免税，股权转让所得为10 000−4 000=6 000（万元），股权转让所得缴纳企业所得税为6 000×25%=1 500（万元），相比第一种方案，少缴税500万元。

第三种方案：先分红，然后盈余公积转增资本，再转让。M公司先分红，分红后A公司股权转让作价只能是10 000元，由于盈余公积无法分红，可以采取盈余公积转增资本的方式，增加股权的计税基础从而降低税负。《公司法》第一百六十七规定："分配当年税后利润时，应当提取利润的10%列入公司法定公积金。公司法定公积金累计额为公司注册资本的50%以上的，可以不再提取。"因此M公司的盈余公积5 000万元，恰恰是注册资本1亿元的50%。《公司法》第一百六十九条规定："法定公积金转为资本时，所留存的该项公积金不得少于转增前公司注册资本的25%。”因此，M公司可以2 500万元盈余公积转增资本，转股后公司的注册资本增加至1.25亿元，其中A公司的投资成本变为4 000+2 500×40%=5 000（万元）。因此，A公司股权转让所得为10 000−5 000=5 000（万元），应缴企业所得税5 000×25%=1 250（万元），与第一种方案相比，少缴税750万元，与第二种方案相比，少缴税250万元。

当然该方案中，不分红而以未分配利润以及盈余公积全部转增资本，再行转让股权，最终缴税结果是相同的。与先分红的方案比较，只是股权转让资金由M公司出还是由B公司出的区别（转增是该股权投资的计税基础，是按照转增后进行调整，还是保持原来账面成本不变？如果是后者，则非免税而是暂缓纳税，应在股权转让时缴税）。

第四种方案：清算性股利。A、B公司经商讨认为即使按照第三种方案，缴纳税款依然过多，因此决定运用清算性股利来纳税筹划。根据《公司法》第三十五条规定：“股东按照实缴的出资比例分取红利；公司新增资本时，股东有权优先按照实缴的出资比例认缴出资。但是，全体股东约定不按照出资比例分取红利或者不按照出资比例优先认缴出资的除外。”即：一般情况下，按照持股比例分红，但是也可以全体股东约定分红。

因此，M公司修改公司章程，约定A公司可以优先分红，至5 000万元为止，之后公司再取得利润，B公司再进行分红。因为公司有股息红利5 000万元，因此约定A公司可以全部分走，A公司分红5 000万元后，股权转让价格变为12 000−5 000=7 000（万元）。2 500万元盈余公积再转增资本，转增后A公司的投资成本变为4 000+2 500×40%=5 000（万元）。因此，A公司股权转让所得为7 000−5 000=2 000（万元），应缴企业所得税为2 000×25%=500（万元），与第一种方案相比节税1 500万元，比第二种方案节税1 000万元，比第三种方案节税750万元，节税效果非常明显。

但是，第三种方案在税收上得到认可是没有问题的，而第四种方案存在税收风险。A 公司一次性分红 5 000 万元，实质是清算性股利，即将股权转让所得转换为股息红利所得。早在 2000 年，国税发〔2000〕118 号文件第二条第一款第二项规定："被投资企业对投资方的分配支付额，如果超过被投资企业的累计未分配利润和累计盈余公积金而低于投资方的投资成本的，视为投资回收，应冲减投资成本；超过投资成本的部分，视为投资方企业的股权转让所得，应并入企业的应纳税所得，依法缴纳企业所得税。"从字面看 A 公司分红所得的 5 000 万元，并未超过被投资企业 M 公司累积未分配利润和盈余公积，即没有超过 1 亿元的未分配利润 + 盈余公积。从理论上来说，A 公司分得的 5 000 万元都已经交过税了，均属于税后利润，虽然超过了 A 公司的持股比例分红，但是国家税款并未受到损失。

还有一种观点是，这里超过被投资企业的累积未分配利润和盈余公积是指按照持股比例计算，如果这样理解，那么第四种方案中超过 A 公司持股比例 40%（即 4 000 万元）以上分红部分将被税务视为投资的冲回，不认同为股息红利所得，则第四种方案部分不能实现。但是如果这样理解，在道理上也有不通之处，即使 A 公司超持股比例分红，由于 M 公司不再有利润可分，如果 B 公司理解转让股权，则丧失了以先分红或转股而少缴税的权利，即：A 公司的超分红部分已经缴纳过税款，理应在分红时享受免税政策，由于 A 公司的超分红部分，永远地丧失了这个机会。

▼ 案例五：股权转让的纳税义务发生时间

国税函〔2010〕79 号文件规定："企业转让股权收入，应于转让协议生效，且完成股权变更手续时，确认收入的实现。转让股权收入扣除为取得该股权所发生的成本后，为股权转让所得。"

国家税务总局 2010 年 19 号公告规定："企业取得财产（包括各类资产、股权、债权等）转让收入、债务重组收入、接受捐赠收入、无法偿付的应付款收入等，不论是以货币形式，还是非货币形式体现，除另有规定外，均应一次性计入确认收入的年度计算缴纳企业所得税。本公告自发布之日（2010 年 10 月 27 日）起 30 日后施行。2008 年 1 月 1 日至本公告施行前，各地就上述收入计算的所得，已分 5 年平均计入各年度应纳税所得额计算纳税的，在本公告发布后，对尚未计算纳税的应纳税所得额，应一次性作为本年度应纳税所得额计算纳税。"

19 号公告有两层含义。

第一层含义是 2008 年以前，国税发〔2008〕82 号文件及国税函〔2008〕264 号文件规定，非货币性资产对外投资、接受非货币性资产捐赠、债务重组三种所得共占企业当年应纳税所得额 50% 以上的，可以递延 5 年纳税，而 19 号公告取消了这种递延纳税的规定。当然财税〔2009〕59 号文件对债务重组所得符合特殊性税务处理条件规定，依然可以递延 5 年纳税，这属于 19 号公告中所说的"另有规定"。

第二层含义是假设股权转让收入为 1 000 万元，股权转让协议规定，股权转让款分四期到位，股权变更手续自收到第一期股权转让款后进行变更。这种情况下，是否可以按照分期收款的方式，分成四期纳税呢？ 19 号公告明确了企业取得财产转让收入均应一次性作为收入处理，因此该企业应该就收到第一期股权转让款并办理股权变更手续时将 1 000 万元收入一次性计入应纳税所得额。

案例六：股权收购（用股权进行投资）税务处理

1. 股权收购定义

根据财税〔2009〕59号文件规定，股权收购是指一家企业（以下称为收购企业）购买另一家企业（以下称为被收购企业）的股权，以实现对被收购企业控制的交易。收购企业支付对价的形式包括股权支付、非股权支付或两者的组合。59号文件将股权收购分为一般性税务处理和特殊性税务处理，符合59号文件第五条规定的5项条件的，在税务机关备案或者申请确认可以享受特殊性税务处理。

2. 税务处理：一般性税务处理和特殊性税务处理

假设A公司持有M公司100%的股权，持股的计税基础为100万元，2010年，A公司将持有的股权转让给B公司，该项股权经资产评估公司评估，其公允价值为300万元，B公司定向增发向A公司支付。该问题也可以看作是A公司以其持有的长期股权投资资产向B公司进行投资的行为。根据《公司法》第二十七条规定，非货币性资产可以作为出资资产，但是最高不能超过被投资企业实收资本的70%；国家工商总局29号令则明确了以股权出资的方式与方法。所谓股权收购，是从B公司的角度来说的，主要是引用了上市公司公告的说法，上市公司通常以“重大资产收购暨……的公告”作为标题，因此59号文件也以“资产收购”“股权收购”作为概念表述。因此，称之为“收购资产”“收购股权”更加容易理解。

一般性税务处理如下。

（1）A公司取得股权转让所得为300−100=200（万元），应交所得税为200×25%=50（万元）

（2）A公司取得B公司的股权计税基础为300万元，即A公司换股了。

（3）B公司取得M公司的计税基础，按照M公司的公允价值300万元确定。

特殊性税务处理如下。

（1）A 公司不确认股权转让所得，无须纳税。

（2）A 公司取得 B 公司股权的计税基础按照被转让股权的原计税基础 100 万元确定。

（3）B 公司取得 M 公司股权的计税基础也按照被转让股权的原计税基础 100 万元确定。

虽然 A 公司没有确认股权转让所得，但是 B 公司取得 M 公司股权，以及 A 公司取得 B 公司股权的计税基础均按照 M 公司股权的原计税基础 100 万元计算，因此股权收购的特殊性税务处理并不是免税重组，而是递延纳税，该税款将递延到 B 公司再次转让 M 公司股权或 A 公司转让其持有的 B 公司股权时实现。

3. 符合特殊性税务处理的 5 个条件

（1）具有合理的商业目的，且不以免除、减少或推迟纳税为主要目的，即反纳税筹划的原则。需要注意的是，只要该项重组业务的主要目的不是为了纳税筹划，就可以认定具有合理的商业目的，这里强调的是主要目的。

（2）被收购股权比例达到 75% 以上。在上市公司重组交易中，被收购股权比例是否达到 75% 是判断是否符合特殊性税务处理的重要判定条件。值得注意的是，如果收购企业已经拥有被收购企业一定股份，本次收购股份与收购企业原股份相加超过 75%，依然不符合特殊性税务处理，除非该项交易符合多步骤交易原则的要求。

（3）被收购企业在重组日 12 个月以内依然保持原来的经营业务不变，即经营连续性原则。重组应该只发生在股东层面，而企业的实体经营不能变化，否则就要实现股权的隐含增值。

（4）收购企业支付对价中股权支付额不低于收购价款的 85%，即纳税必要资金的原则，如果收购企业支付的是现金，显然被收购企业的股东有资金缴纳股权转让税款，没有必要给予特殊性税务处理。股权支付额包括收购企业以自己的股权支付，即定向增发；或者以其控股企业的股权支付，即以自己直接持有股份的企业股权支付。本例中采用了第一种模式：定向增发模式。

（5）被收购企业的原股东取得股权支付后，自重组日 12 个月以内不允许转让获得的股份支付，即权益连续性原则。因为如果允许被收购企业股东立即将其取得的股权转让，那么同其直接取得现金没有什么区别，也就没有必要给予特殊性税务处理了。4 号公告规定中的主要股东指持有股份 20% 以上的股东。

4. 即使是特殊性税务处理，非股权支付额部分也要确认所得

例如，B 公司收购 A 公司持有 100% 股权的 M 公司，A 公司持股的计税基础为 100 万元，M 公司股权的公允价值为 300 万元，B 公司以 30 万元现金和定向增发的 270 万股权作为支付的对价，假设该项交易符合特殊性税务处理条件，则税务处理如下。

（1）A 公司收到了价值 270 万元的 B 公司股权以及 30 万元现金，其中股权部分不需要确认所得，30 万元非股权支付，需要确认所得。

实现所得为（300−100）×（30 ÷ 300）=20（万元）

模拟税收分录如下：

借：长期股权投资——B 公司	900 000	
现金		300 000
贷：长期股权投资——A 公司	100 000	
投资收益		200 000

即 A 公司接受 B 公司长期股权投资的计税基础为 90 万元。

（2）B 公司取得 M 公司的计税基础的计算如下。

模拟税收分录如下：

借：长期股权投资——M 公司 1 200 000

贷：实收资本 900 000

现金 300 000

因此，B 公司取得 M 公司的计税基础为 120 万元。

可以理解为 A 公司卖了 10% 的股份，收到现金 30 万元，然后将剩余的 90% 股权投资到 B 公司换取 B 公司的股份，这样就比较好理解了。

5. 财税〔2009〕59 号文件中，股权转让或资产转让特殊性税务处理并未重复纳税

例如，A 公司持有 M 公司 100% 股权，初始投资成本为 100 万元，该项股权的市场公允价值为 200 万元，B 公司向 A 公司定向增发以购买 A 公司持有的 M 公司股权。如果该项业务采取一般性税务处理，则税务处理如下。

第一，A 公司股权转让所得为 200−100=100（万元），应交所得税为 100 ×25%=25（万元）。

第二，A 公司取得 B 公司股权的计税基础为 200 万元。

第三，B 公司取得 M 公司股权的计税基础也为 200 万元。

第四，如果 B 公司立即将取得的股权转让，转让价格也为公允价值 200 万元，则 B 公司股权转让所得为 200−200=0（万元）。

如果 A 公司也立即转让取得的 B 公司的股权（59 号文件规定 12 个月后才允许转让，这里简化问题），则取得股权转让所得为 200−200=0（万元）。

即：该项股权转让所得在第一步转让确认后，以后该项所得不再纳税。三次转让总所得为 100 万元。

假设采取特殊性税务处理，则税务处理如下。

第一，A 公司不确认股权转让所得。

第二，A 公司取得 B 公司股权的计税基础为 100 万元。

第三，B 公司取得 M 公司股权的计税基础为 100 万元。

第四，假设 B 公司立即转让 M 公司的股权给 N 公司，则股权转让所得为 200-100=100（万元），缴纳股权转让所得税 25 万元。

假设 A 公司也立即转让 B 公司的股权，股权转让所得也为 200-100=100（万元），缴纳股权转让所得税 25 万元。

此时，合计缴纳税款 50 万元。特殊性税务处理下，虽然第一步转让时，没有确认股权转让所得，却出现了以后转让时两次缴纳税款、重复纳税的问题。其实，这是个伪命题，并未出现重复纳税。理由如下。

B 公司转让 M 公司股权后，实现了 100 万元所得，因此要分红 75 万元给股东 A 公司（虽然该项所得不会全部分给 A 公司，但是理论上 A 公司应该取得分红 75 万元，而无论这 75 万元在 B 公司的实现来源，到底是转卖股权的，还是销售商品的，这里假设 75 万元红利全部分给了 A 公司，这个假设不影响理论的正确性）。A 公司分红后再转让股权，股权转让价格就不会是 200 万元，而是 100 万元，因此不会出现重复纳税的因素。

如果在没有分红之前转让，则 A 公司实现转让所得 100 万元。假设购买该项股权的为 C 公司，在分红后，假设 C 公司继续转让股权，则股权转让价格只能为 100 万元，C 公司 200 万元的股权成本，100 万元的股权收入，会有 100 万元损失抵税。因此，不会出现重复纳税。

如果 B 公司一直没有分红，则 B 公司清算时，其未分配利润可以在股东清算所得中扣减，出现亏损抵税效应。

因此，特殊性税务处理在理论上并未重复交税。国税发〔2003〕45 号文件规定在资产收购中，B 公司取得 M 公司的计税基础可以按照评估价值计量，在理论上并不正确，在实践中更会引起巨大的税收漏洞。

案例七：非居民股权转让的特殊性税务处理

财税〔2009〕59号文件第七条规定如下。

企业发生涉及中国境内与境外之间（包括我国港澳台地区）的股权和资产收购交易，除应符合本通知第五条规定的条件外，还应同时符合下列条件，才可选择适用特殊性税务处理规定：

（1）非居民企业向其100%直接控股的另一非居民企业转让其拥有的居民企业股权，没有因此造成以后该项股权转让所得预提税负担变化，且转让方非居民企业向主管税务机关书面承诺在3年（含3年）内不转让其拥有受让方非居民企业的股权；

（2）非居民企业向与其具有100%直接控股关系的居民企业转让其拥有的另一居民企业股权；

（3）居民企业以其拥有的资产或股权向其100%直接控股的非居民企业进行投资；

（4）财政部、国家税务总局核准的其他情形。

对此，笔者的解释如下。

1. 外—外模式，即两个非居民企业转让居民企业的股权

这种模式一般适用于股权架构的调整。

国家给予非居民特殊性税务处理非常谨慎，因此对于外—外模式除了满足五条普遍条件外，还需要满足三个条件才能适用特殊性税务处理。

第一，必须是向其100%控股的另一非居民企业转让股权。即将子公司变孙公司的模式。这里股权收购一方必须是全资子公司，但是没有要求被转让的外资企业股权达到100%，只要达到75%就可以了。

第二，没有因此造成该项股权转让所得预提税负担变化的。

例如：美国A公司在上海有一家外资独资企业M公司，由于2008年以

后美国公司从上海分得的利润需要缴纳 10% 的预提所得税，而香港同内地之间的税收协定规定，股息可以适用 5% 的协定税率。因此 A 公司在香港投资了一个全资子公司 B 公司，然后以 M 公司的长期股权投资出资对 B 公司增资，那么这种情形符合“没有因此造成以后该项股权转让所得预提税负担变化”吗？

关于这一条款，理解各异。有专家认为，股权转让后，即使股息预提所得税率发生变化，仍然不符合特殊性税务处理条件，因为这里的断句应该是：该项股权转让——所得预提税——负担变化。

还有一种说法认为，这里就是指股权转让所得的预提税负担，至于股息红利预提税问题，在国税函〔2009〕81 号文件和国税函〔2009〕601 号文件中有相关规定，至少要持有股权 12 个月以上才能适用协定股息税率待遇，导致公司不能适用税收协定待遇等条款。

如果按照第二种说法解释，那么美国公司的税收筹划方案是行得通的，而按照第一种说法，则此路不通。实际上大多数关于此类股权转让的问题，都涉及香港，而香港的股息收益协定税率是 5%，如果这样理解，大多数这样的交易都不符合 59 号文件规定的条件了。

第三，规定转让方非居民企业 3 年内不转让其持有的中间层公司的股权。这是反纳税筹划的要求，如果允许任意转让中间层公司股权而不受限制，则企业完全可以这样设计，先将境内股权投资到中间层的特殊目的公司，然后立即转让中间层公司得到现金。而转让中间层公司，属于非居民企业转让非居民企业股权，内地没有征税权，因此该项股权转让预提所得税就永远达到了规避的目的。

2. 外—内模式，即非居民股东将居民企业股权转让给居民企业

这种模式常用于跨国公司在华调整公司架构，例如：日本国际品牌电器

公司在中国有15个子公司，为了统一管理，该公司决定在中国成立中国区总部，这属于正常的业务重组，则可以采取以下步骤：

第一步，日本母公司在中国成立中国区总部（投资公司）；

第二步，日本母公司将其在华持有子公司的股权投资到中国区总部（投资公司）。

此时，由于符合外—内模式的特殊性税务处理要求，因此经过在省级税务机关备案，可以不缴纳所得税款。子公司的外商投资企业性质及税收待遇不变。

在该运作中需要注意四个问题：

第一，按照外—内模式，如果在中国设立投资公司，需要符合商务部2004年22号令及2006年3号令的要求。

第二，如果在中国设立的中间层公司是非投资公司性质，则其投资的公司按照内资企业对待。

第三，符合特殊性税务处理条件的外—内模式，也要求中间层公司必须是100%控股的子公司。

第四，按照外—内模式，在新企业所得税法征收预提所得税的环境下，可以由直接投资模式改变为间接投资模式，从而规避预提所得税。例如，日本母公司如果直接持有中国境内子公司的股权，子公司用未分配利润增资，需要缴纳预提所得税，而公司架构重组后，由于投资公司属于税收上的居民企业，因此相当于先分红给居民企业，然后再增资，从而规避了外资增资的预提所得税。

3. 内—外模式，即居民企业股东将其持有境内子公司股权投资到境外非居民企业

与内—外模式相联系的是两个名词："红筹股上市"与"境外注册中资控

股企业”。

如果境内企业成功地在境外建立特殊目的公司，那么将境内股权装入特殊目的公司，就涉及股权转让预提所得税问题。59 号文件规定，如果持有境外特殊目的公司 100% 股权的情况下，境内母公司将自己持有子公司的股权投资到特殊目的公司的股权收购业务，可以递延 10 年缴纳企业所得税。

红筹股上市的公司还面临股息红利问题。红筹股上市的股权架构为：境内母公司—境外特殊目的公司（BVI）—境外上市公司—境内实体经营子公司。那么当境内实体经营子公司实现利润时，首先要分红到境外公司，需要缴纳预提所得税，而境内母公司收到境外汇入的投资收益的时候，又需要缴纳企业所得税，而实际上红筹股上市只不过是为了实现融资的目的而已，企业实质上仍旧是中资企业。为了解决这些问题，国家税务总局下发了国税函〔2009〕82 号文件，规定境外注册中资控股企业，可以按照《企业所得税法》的实际管理机构概念，将其认定为居民企业，享受居民企业税收待遇，从而避免了预提所得税税负。

第三节　资本运作中的税务筹划

案例一：税务筹划式基金的运作

目前基金市场上出现的所谓“银河证券纳税筹划宝”之类的纳税筹划运作，就是应用了这个原理来操作。例如某篇文章介绍了该纳税筹划运作的案例。

基金兴华（500 008）2010 年 1 月 29 日进行股权登记规范每 10 份基金份额派现 5.31 元。即每一份基金份额分红 0.531 元。

如果 A 企业以当天收盘价格 1.561 元购买该基金 600 万份，按照 2‰的交易手续费计算。该投资者共花费 1.561 × 600+（1.561 × 600）× 0.002=938.4 732（万元）（此中基金资产共计 936.6 万元，手续费共计 1.873 2 万元，基金成本价为 1.564 元 / 份）。

2010 年 2 月 1 日，基金兴华除息后的价格为 1.03 元（1.561−0.531），按照每一份基金份额分红 0.531 元计算，A 企业获得的盈余共计 600 × 0.531=318.6（万元）。

此时，基金资产剩余 936.6−318.6=618（万元），基金发生亏损 339.84 万元。

如果A企业以1.03元/份的价格卖出基金，获利 1.03 × 600−（1.03 × 600）× 0.002=619.236（万元）（此中基金资产共计 618 万元，手续费共计 1.236 万元）。

如此企业 A 共计亏损 318.6+1.873 2+1.236=321.709 2（万元）。

假设企业另有一笔 321.709 2 万元的应税利润。按照现行企业所得税税率 25% 来计算。A 企业应交纳 321.709 2 × 25%=80.427 3（万元）的企业所得税。

由于 A 企业基金资产亏损 321.709 2 万元，二者先后相抵后，前面的应税利润 321.709 2 万元就能够规避掉 80.427 3 万元的企业所得税。

可是实际上 A 企业只亏损基金买卖手续费，共计 1.873 2+1.236=3.109 2

（万元）。

这样就为 A 企业节流了 80.427 3-3.109 2=77.318 1（万元）的税款。

由于国税发〔2009〕88 号文件规定，“在公开市场交易的权益性损失不需要到税务机关审批，”因此即使从手续上来说也是非常简便的，而股市、基金市场盈盈亏亏无长形，税务机关也比较容易通过。银河证券推出的所谓纳税筹划宝，实际上是对即将大比例分红公司的持续关注，以达到纳税筹划的目标。

在以上交易中，其理论依据是典型的将权益性资产转让所得转换为权益性资产持有所得的例子。例如：M 公司注册资本为 100 万元，未分配利润为 100 万元，M 公司净资产价值为 200 万元，A 公司是 M 公司的 100% 股权控股的母公司，当年有未弥补的亏损 500 万元，其关联企业 B 公司当年盈利 100 万元。该公司通过以下运作来纳税筹划。

（1）A 公司将持有的 M 公司 100% 股权全资转让给 B 公司，转让价格按照公允价值 300 万元确认，A 公司实现所得 200 万元，但是由于 A 公司尚有 500 万元亏损，因此 A 公司当年不会缴纳税款。B 公司取得投资的成本为 300 万元。

（2）M 公司当年进行分红 100 万元，B 公司股息红利所得为免税所得，分红后 B 公司投资成本回收了 100 万元。

（3）B 公司将股权转让给关联企业 C 公司，由于未分配利润 100 万元已经全部分配，因此转让价格为 200 万元。B 公司股权转让所得：200-300=-100（万元）。根据国家税务总局 2010 年第 6 号公告要求，该项股权转让损失可以一次性在当年审批扣除，因此该企业少缴企业所得税 25 万元。

上述案例和基金的运作是一致的。国家税务总局之所以在国税函〔2009〕79 号文件和国税函〔2009〕698 号文件中规定，股权转让所得不允许扣除未分配利润和盈余公积部分，是因为如果允许扣除，B 公司的投资成本依然是

300 万元，这样会导致税收漏洞。而不允许扣除未分配利润和盈余公积部分，虽然被投资企业对留存收益已经缴纳过税款，看似有重复纳税之嫌，但是 B 公司未来分红后转让，在理论上可以享受 100 万元亏损抵税的好处，整体来看并没有多缴纳。

三方利益主体对一项所得纳税的路线图如下。

第一，M 公司对 100 万元所得已经缴纳过税款。

第二，A 公司转让时，再次缴纳一次税款。

第三，B 公司转让时，分红后亏损可以抵税，因此抵顶一次。对同一项所得，最终只缴纳了一次税款。

案例二：定向增发模式的运用

1. 定向增发模式常用于改善集团公司股权架构（即子公司变为孙公司，由直接持股模式变为间接持股模式）

例如，A 公司有 10 个子公司，其中 5 个子公司做医药，其余 5 个子公司做电子产品。由于公司战略发展的需要，A 公司准备将 10 个子公司分为两个板块，即：A 公司旗下两个全资子公司 A1 和 A2，分别作为医药板块和电子产品板块的控股公司。

为了完成这一设计，A 公司首先设立了两个全资子公司 A1 和 A2；第二步，将第 1 ～ 5 个子公司 100% 股权投资到 A1 公司，将第 6 ～ 10 个子公司 100% 股权投资到 A2 公司。该项交易是典型的股权收购交易，股权变更符合特殊性税务处理条件。如果不符合《公司法》第二十七条的规定，投资时可以少计注册资本，其余部分计入资本溢价的模式来规避（即江中制药模式）。

2. 定向增发模式用作增加注册资本

例如，A 公司旗下的 A1 公司由于招标的需要，注册资本不足，但是 A 公司没有足够的资金进行增资，因此 A 公司可以将自己名下的 M 公司作为投资的资产投资于 A1 公司，此时作为股权收购的特殊性税务处理，不需要缴税，但是可以达到增加 A1 公司注册资本的目的。实际上，这样的操作和个人股东以其持有的股权进行投资是同样的道理。

▼ 案例三：法人股东与自然人股东运用股权投资模式的比较

（1）无论法人股东还是自然人股东，都可以无税将“直接持股模式”变为“间接持股模式”。（自然人股东就持有的股权进行架构的调整没有具体的无税可以实行的规定，但是国税函〔2011〕89 号关于个人以股权参与上市公司定向增发征收个人所得税问题的批复则要求自然人以其所持该公司股权评估增值后，参与某公司定向增发股票，属于股权转让行为，其取得所得，应按照“财产转让所得”税目缴纳个人所得税。）

（2）自然人股东的运用着眼于避免股息红利所得，而法人股东的运用则着眼于公司架构调整，以及反向收购借壳上市。

（3）无论法人股东，还是自然人股东，都可以将股权投资模式应用于增加目标公司注册资本。

（4）法人股东对股权投资模式的运用必须符合 59 号文件的特殊性税务处理要求，例如被用来投资的股权必须达到 75% 以上的比例等，而自然人股东根据国税函〔2005〕319 号文件的规定，无论股权比例多少，只要将非货币性资产进行投资，其评估增值全部暂时不实现［国税函〔2005〕319 号文件目前已经根据《国家税务总局关于公布全文失效废止部分条款失效废止的税收规范性文件目录的公告》（2011 年第 2 号）废止］。

案例四：换股交易（股权收购中以其控股企业股权支付的现象）

例如，A 公司 2009 年收购 B 公司持有的 M 公司 100% 股权，M 公司的公允价值为 1 亿元，B 公司持有 M 公司股权的计税基础为 5 000 万元；A 公司将其持有的 N 公司 20% 股权作为对价支付，计税基础为 4 000 万元，市场公允价值为 1 亿元。假设该项重组符合特殊性税务处理条件，A 公司取得 M 公司股权的计税基础应该如何确定？ B 公司取得 N 公司股权的计税基础应该如何确定？

财税〔2009〕59 号文件第五条第（二）款规定如下。

（1）被收购企业的股东取得收购企业股权的计税基础，以被收购股权的原计税基础确定。因此，B 公司取得 N 公司 20% 股权的计税基础按照被收购股权的原计税基础 5 000 万元确认。

（2）收购企业取得被收购企业股权的计税基础，以被收购股权的原有计税基础确定。从字面意思上来看，A 公司取得 M 公司股权的计税基础应该按照 M 公司的原计税基础 5 000 万元确认，但是 A 公司作为交换的 N 公司股权计税基础为 4 000 万元，如果对持有 M 公司股权计税基础按照 5 000 万元确认，等于是在特殊性税务处理过程中，还要确认 1 000 万元的所得，这显然是荒谬的。

之所以形成这种情况，是由于在财税〔2009〕59 号文件制定时，财政部和国税总局对股权支付中的“其控股企业”认为属于三角收购的母公司收购，以子公司作为对价支付，不符合权益连续性，股权收购的主要支付方式为“定向增发”，在定向增发过程中按照文件原文是没有丝毫问题的。

而国家税务总局 2010 年第 4 号公告第六条中明确将直接持有的股份也纳入股份支付范畴，因此 59 号文件与 4 号公告产生了矛盾。在执行中，一般变通执行，即按照 A 公司持有 N 公司股权的原计税基础 4 000 万元作为被收购企业 M 公司长期股权投资的计税基础。当然，在文件没有改变之前，也可能有的税务局严格执行税收文件，按照 5 000 万元作为 M 公司的计税基础。

◥ 案例五：换股交易特殊性税务处理的税收筹划运用

例如，A 公司因改变公司发展策略，坚持主业为主的理念，因此将其持有的副业 M 公司股权转让给 B 公司，股权计税基础为 100 万元，股权转让收入为 300 万元现金，用以扩大主业生产。此时，如果 B 公司支付给 A 公司现金，则 A 公司一定要就 200 万元股权转让净所得纳税。此时，如果 B 公司用 300 万元成立了一家全资子公司 N 公司，A 公司以其持有的 M 公司 100% 股权置换 B 公司持有的 N 公司 100% 股权，而 N 公司的资产只有现金，则 A 公司相当于得到了 300 万元现金，同时 A 公司的股权转让所得纳税可以得到避免。当然如果直接这样操作，的确可能会被税务机关认为没有商业实质，此时 B 公司可以根据 A 公司的要求，以 N 公司为主体采购 A 公司需要的货物或机器设备，这样 N 公司就是一个实实在在的实体经营性公司了，其商业交易实质内涵得到了进一步加强。

当然，税务机关在审核该项策划商业交易实质的时候，也可能会不予审核通过。因此，该项策划是否成功取决于税务机关对商业交易实质审查的严格程度。

案例六：外商投资企业撤资是否追回“两免三减半”税收优惠

1. 基本规定

《外商投资企业和外国企业所得税法》第八条规定：“对生产性外商投资企业，经营期在十年以上的，从开始获利的年度起，第一年和第二年免征企业所得税，第三年至第五年减半征收企业所得税，但是属于石油、天然气、稀有金属、贵重金属等资源开采项目的，由国务院另行规定。外商投资企业实际经营期不满十年的，应当补缴已免征、减征的企业所得税税款。”

《关于外商投资企业和外国企业原有若干税收优惠政策取消后有关事项处理的通知》（国税发〔2008〕23号）第三条规定：“外商投资企业按照《中华人民共和国外商投资企业和外国企业所得税法》规定享受定期减免税优惠，2008年后，企业生产经营业务性质或经营期发生变化，导致其不符合《中华人民共和国外商投资企业和外国企业所得税法》规定条件的，仍应依据《中华人民共和国外商投资企业和外国企业所得税法》规定补缴其此前（包括在优惠过渡期内）已经享受的定期减免税税款。各主管税务机关在每年对这类企业进行汇算清缴时，应对其经营业务内容和经营期限等变化情况进行审核。”

《关于外商投资企业合并、分立、股权重组、资产转让等重组业务所得税处理的暂行规定》（国税发〔1997〕71号）第五项第一款规定：“凡重组前企业的外国投资者持有的股权，在企业重组业务中没有退出，而是已并入或分入合并、分立后的企业或者保留在股权重组后的企业的，不论重组前的企业经营期长短，均不适用税法第八条关于补缴已免征、减征的税款的规定。”

2. 注意要点

第一，外商投资企业经营期不低于10年方可享受税收优惠，不足10年内如果外资撤资的，需要补缴此前已经享受的税收优惠。那么什么是外资企业经营期呢？外资企业如果有停业期，那么是否连续算作外资的经营期限呢？

在国家税务总局给富士通公司《国家税务总局办公厅关于富士康科技集团有关涉税诉求问题的函》（国税办函〔2010〕611 号）的答复中，明确规定“关于经营期 10 年的要求，应该是实际生产经营期满 10 年，对于已经享受生产性外商投资企业所得税减免税优惠的企业，如其生产经营期间出现中途停业 1 ～ 2 年的情况，该停业期应予以剔除”。

因此，这里的 10 年经营期是实际经营期，不包括停业期间。

第二，被动稀释股份是否需要补缴税款？

根据国税发〔1997〕71 号文件第五条精神，被动稀释股份不需要补缴税款，只有外资完全撤资才需要补缴税款。在实践中，由于中外合资企业的中方股东单方面增资，造成外资股份低于 25%，即“被动稀释股份”，不需要补缴已经享受的税收优惠，但是该外资企业也不能继续享受外商投资企业待遇了。

第三，外资企业再投资退税，如果在 2008 年以前完成，是否可以在 2008 年 1 月 1 日以后享受过渡税收优惠呢？

在国家税务总局给富士通公司的答复——国税办函〔2010〕611 号中，明确“按增资项目未享受完的“两免三减半”税收优惠政策不属于《国务院关于实施企业所得税过渡优惠政策的通知》（国发〔2007〕39 号）公布的《实施企业所得税过渡优惠政策表》内容，不享受过渡优惠政策。

第四，外资撤资后，原来的亏损是否可以继续弥补？

外资撤资是资本结构的一般变化，除了如果未达到生产性外商投资企业经营期，需要补缴已经减免的所得税款外，其他税收事项原则上保持不变，即：不需要清算，原来的亏损可以继续享受。

在实践中，一些税务机关认为外资撤资后，外商投资企业需要进行清算，这种说法不符合税法基本原理。《国家税务总局关于江门市新江煤气有限公司亏损弥补问题的批复》(国税函〔2009〕254号)表述:“江门市新江煤气有限公司原为中外合资企业,经相关部门批准,于2006年整体转让给珠海市煤气公司(国有独资企业),成为珠海市煤气公司的全资子公司。鉴于江门市新江煤气有限公司只是股权发生改变,其法律主体、经营范围、资产和债权债务等并没有发生变化。经研究,同意江门市新江煤气有限公司2006年及以前年度发生的亏损,在税法规定的年限内,用以后年度发生的应纳税所得额进行弥补。”

▼ 案例七：个人股东三种持股方式税负成本比较

基于税负成本以及投资目标等方面的考虑，选择何种持股方式广受个人投资者关注。就具体实践而言，个人股东持股方式主要包括三种：直接持股、间接持股（包括公司及合伙企业）、直接持股与间接持股相结合。接下来，将对直接持股与间接持股的税负成本进行重点解读，以便个人投资者根据自身实际情况，选择更为合理经济的持股方式。

对于不同的持股方式对税负及税务管理的影响，可以从这几个方面分析。

（1）被投资公司的运营税负。2008 年我国企业境内外企业所得税法统一后，如果被投资对象没有享受行业或区域性的税收优惠政策，一般而言，境内的公司运营阶段税负相当，企业所得税税率为 25%。

（2）被投企业分配股息红利回流阶段的税负。目前，根据我国税法规定，对于居民企业直接投资于其他居民企业取得的股息、红利等权益性投资收益是免税的；相应地，对于居民企业从合伙企业分配的权益性投资收益，是不享受该税收优惠待遇的。

（3）投资退出阶段，间接持股方式在投资退出时，势必面临重复纳税的问题，同时个人在投资退出时，应按照税法规定缴纳 20% 的个人所得税。

（4）个人投资者纳税地点。比如，按照目前的规定，直接投资居民企业，收益纳税地点在被投资企业所在地的，由被投资企业代扣代缴。

通常需要建立符合自身商业计划的资本运营和投资平台，一方面实现投资收益的回流；另一方面可以将投资收益继续对外投资，并借助投资平台实现并购等商业目的（如图 3-4 所示）。

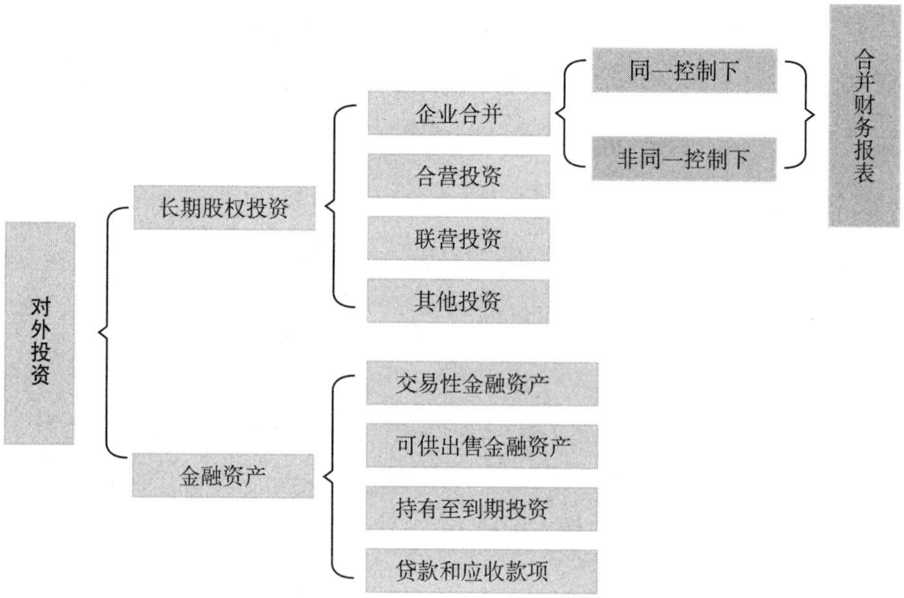

图 3-4　投资过程

1. 个人直接持股

个人直接持股通常是投资者最初始的一种股权架构（如图 3-5 所示），这一组织形态，在各个阶段的税负成本分析如下。

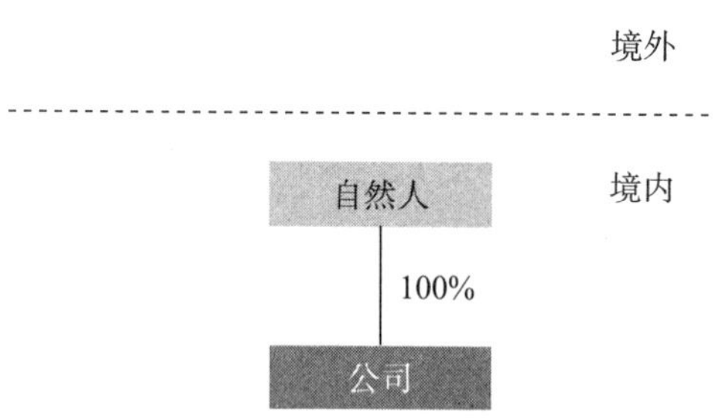

图 3-5　个人直接持股

（1）在运营阶段，个人分红后须缴纳 20% 的个人所得税。根据《个人所得税法》第三条规定："特许权使用费所得，利息、股息、红利所得，财产租赁所得，财产转让所得，偶然所得和其他所得，适用比例税率，税率为 20%。"

根据财政部、国家税务总局《关于实施上市公司股息红利差别化个人所得税政策有关问题的通知》（财税〔2012〕85 号）规定："个人从公开发行和转让市场取得的上市公司股票，持股期限在 1 个月以内（含 1 个月）的，其股息红利所得全额计入应纳税所得额；持股期限在 1 个月以上至 1 年（含 1 年）的，暂减按 50% 计入应纳税所得额；持股期限超过 1 年的，暂减按 25% 计入应纳税所得额。对个人持有的上市公司限售股，解禁后取得的股息红利，按照本通知规定计算纳税，持股时间自解禁日起计算；解禁前取得的股息红利继续暂减按 50% 计入应纳税所得额，适用 20% 的税率计征个人所得税。"

（2）就资本运作而言，自然人股东作为主体进行并购重组，交易双方无法符合"特殊性税务处理"的要求，不能享受递延纳税的优惠待遇；加上国家税务总局《关于企业重组业务企业所得税征收管理若干问题的公告》（2015 年第 48 号）明确了企业重组"当事各方中的自然人应按个人所得税的相关规定进行税务处理"，而并购重组的金额又十分庞大，导致交易税负成本巨大；从整体来看，由于现有公司承载基本运营功能，个人股东直接持股不利于公司横向、纵向的扩张，也无法进行纳税筹划的安排。

（3）在投资退出过程中，根据《股权转让所得个人所得税管理办法（试行）》，个人转让股权，以股权转让收入减除股权原值和合理费用后的余额为应纳税所得额，按"财产转让所得"缴纳个人所得税，税率为 20%。若公司并购重组后出现三级子公司，则在投资退出时，需要先缴纳 25% 的企业所得税，然后再缴纳 20% 的个人所得税，税负较重。

根据财政部、国家税务总局、证监会联合发布的《关于个人转让上市公司限售股所得征收个人所得税有关问题的通知》（财税〔2009〕167 号），自 2010 年 1 月 1 日起，针对 IPO 形成的限售股，在上市首日至解禁期间内，由所持有的股票及产生的送、转股，按照“财产转让所得”，适用 20% 的比例税率征收个人所得税；其中，应纳税所得额为限售股转让收入 -（限售股原值 + 合理税费）。如果纳税人未能提供完整、真实的限售股原值凭证的，不能准确计算限售股原值的，主管税务机关一律按限售股转让收入的 15% 核定限售股原值及合理税费。

《财政部、国家税务总局关于个人金融商品买卖等增值税若干免税政策的通知》（财税〔2009〕111 号）规定：“对个人（包括个体工商户及其他个人）从事外汇、有价证券、非货物期货和其他金融商品买卖业务取得的收入暂免征收增值税。”因此，自然人限售股转让不需要缴纳增值税。

2. 通过合伙企业间接持股

通过合伙企业间接持股是近年来许多投资者采纳的一种方式（见图 3-6）。但是，必须指出的是，合伙企业在税收上被视为“透明实体”，直接针对股东纳税，实行“先分后税”，因此，本质上与直接持股并无实质差异。但是，借助合伙企业可以实现一个目的，就是将个人的纳税地点由被投资企业所在地变为合伙企业所在地。

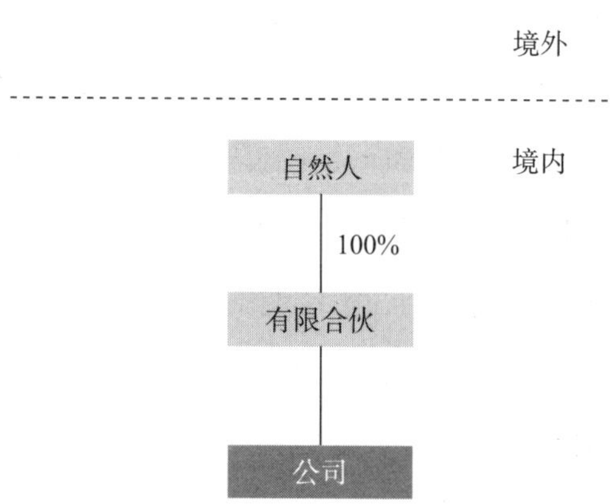

图 3-6　通过合伙企业间接持股

根据《关于合伙企业合伙人所得税问题的通知》（财税〔2008〕159号），合伙企业年度应纳税所得额的范围是“合伙企业生产经营所得和其他所得”，包括合伙企业分配给所有合伙人的所得和企业当年留存的所得（利润）。具体应纳税所得额的计算按照《关于个人独资企业和合伙企业投资者征收个人所得税的规定》（财税〔2000〕91号）及《关于调整个体工商户个人独资企业和合伙企业个人所得税税前扣除标准有关问题的通知》（财税〔2008〕65号）的有关规定执行。

（1）关于限售股转让的征税问题。根据财税〔2000〕91号文，“个人独资企业和合伙企业每一纳税年度的收入总额减除成本、费用以及损失后的余额，作为投资者个人的生产经营所得，比照个人所得税法的‘个体工商户的生产经营所得’应税项目，适用5%～35%的五级超额累进税率，计算征收个人所得税。前款所称收入总额，是指企业从事生产经营以及与生产经营有关的活动所取得的各项收入，包括商品（产品）销售收入、营运收入、劳务服务收入、工程价款收入、财产出租或转让收入、利息收入、其他业务收入和增值外收入”。因此，合伙企业转让限售股时，自然人合伙人按5%～35%的累进税率缴纳个人所得税。

一些地方为了鼓励股权投资类合伙企业，在合伙企业转让限售股时，自然人合伙人统一按20%的税率征收个人所得税。例如北京市《关于促进股权投资基金业发展的意见》（京金融办〔2009〕5号）规定，合伙制股权基金中个人合伙人取得的收益，按照“利息、股息、红利所得”或者“财产转让所得”项目征收个人所得税，税率为20%。而且该意见并未对股权投资基金的规模提出约束条件。

根据《中华人民共和国增值税暂行条例》，外汇、有价证券、期货等金融商品买卖业务，以卖出价减去买入价后的余额为增值额；根据《财政部国家税务总局关于个人金融商品买卖等增值税若干免税政策的通知》（财税〔2009〕111

号）的规定，合伙企业与个人独资企业不属于个人的范畴，不符合免征增值税的条件。所以，目前合伙企业限售股转让需要交增值税，税目是金融保险业，税率为 5%。实践中，由于增值税是地方税种，由省级以及省级以下地方分配，为了鼓励股权投资行业的发展，一些地方政府会将部分乃至全部增值税返还。

（2）关于分回的利息、股息、红利的征税问题。根据《关于〈国家税务总局关于个人独资企业和合伙企业投资者征收个人所得税的规定〉执行口径的通知》（国税函〔2001〕84 号），合伙企业对外投资分回的利息或者股息、红利，不并入合伙企业的收入，而应单独作为投资者个人取得的利息、股息、红利所得，按“利息、股息、红利所得”应税项目计算缴纳个人所得税。因此，自然人通过合伙企业持股时，取得的股息红利的个人所得税税率为 20%。

（3）有限合伙型持股平台的优势。由于有限合伙企业由普通合伙人执行合伙事务，而有限合伙人不执行合伙事务，不得对外代表有限合伙企业，所以普通合伙人可以通过较少的出资控制合伙企业，因此这成为国内股权投资基金和员工持股企业常见的组织形式。而且相比较于公司型投资平台，尤其在投资退出时，只缴纳个人所得税，有其特殊的优势。

3. 通过公司间接持股

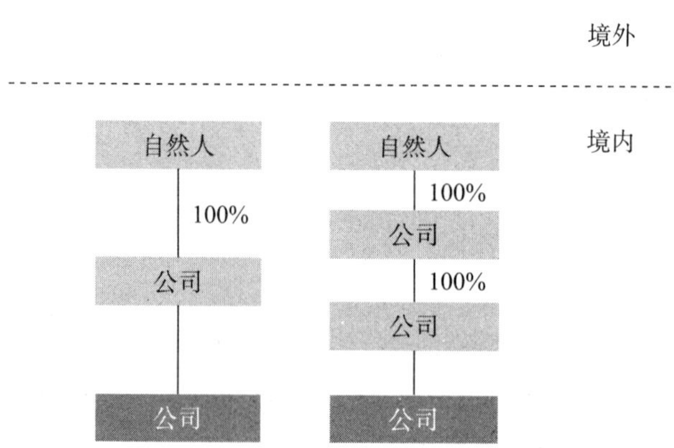

图 3-7　通过公司间接持股

相较于自然人直接持股，通过公司间接持股（如图 3-7 所示）在资本运作方面有一定的优势。持股平台公司仅仅作为投资扩张、资本运作的平台，在实现横向、纵向扩张时，对现有实体运营公司架构不会造成冲击。同时，可以积极申请特殊性税务处理，降低交易的税负，降低交易双方的交易成本，有利于资本运作的顺利推进。

根据《企业所得税法》第二十六条，符合条件的居民企业之间的股息、红利等权益性投资收益为免税收入；根据《企业所得税法实施条例》，居民企业之间的股息、红利等权益性投资收益免税有两大条件：一是直接投资；二是不包括持有股份公司公开发行股票不足 12 个月的情形，企业持有上市公司股票不足 12 个月的，上市公司分红时要缴纳企业所得税。符合上述两个条件的自然人，在通过公司间接持股从上市公司取得分红时不需要缴纳企业所得税，不会增加税负。持股平台公司分红时，自然人股东缴纳 20% 的个人所得税。需要提醒的是，因为持股公司是非上市公司，因而自然人股东不能享有《关于实施上市公司股息红利差别化个人所得税政策有关问题的通知》（财税〔2012〕85 号）规定的应纳税所得额暂减优惠。

通过公司间接持股的缺陷在于，投资退出过程中，需要交两道以上的税。公司转让限售股时，公司按 25% 的税率缴纳企业所得税，公司向自然人股东分红时，自然人股东按 20% 的税率缴纳个人所得税。例如，2007 年中国平安公司数千名员工股东通过三家持股公司代持数百亿市值的股票，3 年后，限售股解禁，按照税法规定需要交两道税，迫于税负压力，持股公司进行税收迁移，将注册地由深圳迁移至西部地区，才解决了这一难题。

根据财政部、国家税务总局《关于股权转让有关增值税问题的通知》（财税〔2002〕191 号）第二条，对股权转让不征收增值税。本条的“股权转让”涵盖有限责任公司的股权转让和非上市股份有限公司的股份转让，但不包括上市公司的股票转让。根据《关于进一步明确全面推开营改增试点金融业有关政策的通知》(财税〔2016〕46号)，外汇、有价证券、期货等金融商品买卖业务，以卖出价减去买入价后的余额为增值额。因此，限售股转让等股票买卖业务属于金融商品转让，属于增值税的“金融保险业”税目，按照6%的税率征收增值税。

投资者在确定投资架构的过程中，还需要结合商业目的和计划，通过上述分析可以发现，不同的持股方式在税负方面各有其优势和缺陷。自然人投资者，应结合实际情况和发展规划，选择最优的节税持股安排。

4. 总结与建议

(1)在低税负地区成立持股平台。若选择间接持股，可以将持股平台注册到有税收优惠(以及财政返还等)的低税负地区，因为部分地区对符合条件的公司出台了免税以及财政返还的政策。对于在低税负地区注册的公司型持股平台，不仅可以实现资本运作的便利性，还可以享受投资退出的低税负，也为合理限度内的纳税筹划安排提供了广阔空间。

(2)充分结合未来投资退出、融资等方面的需要。以公司、合伙企业持股，未来变现时，可以在公司、合伙企业层面上发生变化，而无须直接在拟上市公司层面。因为在拟上市公司层面变更需要获得多个审批部门(如涉及外资的需要省级以上商务部门、涉及内资的需要省级以上工商部门)审批同意、修改公司章程等，程序非常复杂。而且，以公司、合伙企业持股，便于将持有的拟上市公司股份质押、信托、融资贷款，进行各项合理融资安排，也可以将中间控股公司注册在金融政策较为宽松的地区，如深圳前海。

(3)投资主体较多，或者投资拟上市公司时，可选择公司型持股平台。根据《首次公开发行股票并上市管理办法》要求，“发行人的股权清晰，控股股东和受控股股东、实际控制人支配的股东持有的发行人股份不存在重大权属纠纷。”证监会要求拟上市公司股东持有的股权不存在委托持股、信托持股、工会持股、超过 200 人持股的情况。针对投资主体较多，公司拟上市的情况，可以选择通过公司间接持股。通过这种持股方式不但可以满足公司上市的相关法律要求，还为公司未来横向、纵向扩张，自然人股东投资退出与再投资提供了便利和节税空间，而且可以避免对所投资公司股权变动的影响。

就两种间接持股的方式而言，相对于公司型持股平台，合伙企业间接持股在投资退出时有一定的税收优势。但也有其自身的缺点：如果按个体工商户税率缴纳个人所得税，边际税率最高可达 35%，税负成本较重；而且，目前国内合伙企业的相关法律法规仍不健全，在实践中，不同地区关于“先分后税”的解释、纳税时点等方面存在差别，未来可能面临政策规范的风险。因而，个人应做好投资规划，谨慎选择不同的持股类型。

案例八：转让增值土地，妙用公司分立

2013 年 3 月，A 公司分别以 3 000 万元购得 M 和 N 两块土地。直到 2013 年 6 月底，M 地块一直处于生地状态；N 地已完成前期手续。A 公司银行贷款（土地抵押）3 000 万元，注册资本 3 000 万元。

因所在城市重新规划给 M 地块带来的极大利好，导致该地块价格迅速飙升，评估价高达 7 000 万元。A 公司拟以转让方式将 M 地块出手以获取差价。

B 公司系一家房地产集团公司，得知了 A 公司的意向并看好 M 地块的良好前景，决定以评估价受让 M 地块土地使用权后独立开发。

那么，该项目如何筹划才能实现 A、B 公司合作成功并实现整体利益最大化?

下文列举了可能的五种方案。

（1）如果直接转让土地使用权，税负太高。

（2）转让 A 公司股权给 B 公司，不能操作，A、B 公司都没有这个意项。

（3）A 公司以土地出资，B 公司以现金出资注册新公司，然后 A 公司将股权转让给 B 公司。但土地价 7 000 万元超过 A 公司所有者权益的 50%（A 公司注册资本仅 3 000 万元），不能操作。

（4）双方合作建房，但合作期太长，土地在 A 公司没有过户，B 公司无法保证其权益。

（5）A 公司派生分立新公司 Y，且 B 公司同时入驻并购新公司。

下面以第五种情况——分立并购方案来进行筹划（这种方式只适合内资企业）。

筹划 A 公司采用派生分立方式设立新公司 Y，同时将 Y 公司 50% 的股权转让给 B 公司。

（1）设计 Y 公司注册资本为 1 000 万元，持有 M 地块，资产 3 000 万元，

银行贷款 2 000 万元。A 公司注册资本 2 000 万元，持有 N 地块，资产 3 000 万元，负债 1 000 万元（按 A 公司账面数直接分割，尚未考虑土地增值）。

（2）M 地块的升值，新公司 Y 的土地增值为 4 000 万元，Y 公司对 A 公司的负债增加 4 000 万元。对 A 公司来说，是 M 地块分立出去后形成财产转让所得 4 000 万元。同时增加对 Y 公司的应收款 4 000 万元。

依据《关于企业合并分立业务有关所得税问题的通知》（国税发〔2000〕119 号）企业分立业务的所得税处理，企业分立包括被分立企业将部分或全部增值分离转让给两个或两个以上现存或新设的企业（以下简称分立企业），为其股东换取分立企业的股权或其他财产。企业分立业务应按下列方法进行所得税处理：被分立企业应视为按公允价值转让其被分离出去的部分或全部资产，计算被分立资产的财产转让所得，依法缴纳所得税。分立企业接受被分立企业的资产，在计税时可按经评估确认的价值确定成本。因此根据该规定，A 公司把转让所得 4 000 万元计入纳税所得，Y 公司土地增值的 4 000 万元应列入计税成本。

（3）分立的同时，其实就是 A 公司股东把 50% 股权折价 500 万元转让给 B 公司。因为内资企业没有分立方面详细的操作法规，可以参考外资企业法规。

2001 年 11 月 22 日原对外贸易经济合作部、国家工商行政管理总局颁布实施的《关于外商投资企业合并与分立的规定》第三十八条规定："在公司合并或分立过程中发生股权转让的，依照有关法律、法规和外商投资企业投资者股权变更的规定办理。"因此根据此规定，在此次分立的过程中可以办理股权转让。

Y 公司按约偿还 A 公司负债 4 000 万元，资金由 B 公司负责筹集。在适当的时候，B 公司出价 500 万元购买 Y 公司 50% 股权。

根据相关规定，企业在分立过程中发生的土地使用权、不动产所有权的转移行为，不征收增值税、土地增值税。另根据《财政部、国家税务总局关于企业改制重组若干契税政策的通知》（财税〔2003〕184号）规定，企业依照法律规定、合同约定分设为两个或两个以上投资主体相同的企业，对派生方、新设方承受原企业土地、房屋权属，不征收契税。

（1）本文筹划中，A公司分立财产转让所得4 000万元，应纳企业所得税1 320万元（按33%税率计算）。A、B、Y三公司应纳税款为1 321万元（含股权转让印花税1万元）。

（2）Y公司因土地增值4 000万元列入计税成本，Y公司可抵减土地增值税1 440万元（4 000万元加成20%扣除，土地增值税税率按30%计算）、企业所得税844.8万元，假设第五个纳税年度列入计税成本，计算其现值为（资金年利率6%）：1 809.78万元。

（3）本案中土地增值应纳税金1 321万元带来了1 809.78万元的税金抵减，间接实现现金流入488.78万元。

房地产业的并购，主要看目标公司占有地块数量，在目标公司有两个或两个以上地块且不是全部地块都收购时，运用公司分立法是较好的选择。虽然从税务上分立是一种最优选择，但分立也有一定局限：

首先，分立程序耗时长。公司分立首先要公告90天。办理土地证、规划证、建设施工许可证等变更需要很长时间。

其次，公司分立后影响到公司偿债能力，需要债权人同意，在本案中如果债权银行不同意，股东如果有钱，需要筹钱还贷后分立，否则就无法分立。房地产公司一般是负债经营，有较多债权人，这可能是房地产公司分立最大的困难。

再次，分立后公司对公司分立前的债务承担连带担保责任。

最后，如果像以前《中国税务报》刊登的有关人士的筹划方案那样，先分立、再合并、偿还负债、剩余股权转让，则太过烦琐。分立合并都需要债权人同意，公告90天，变更计委、规划、建设、土地相关证书，需要耗费太多的时间、人力、物力，实际运作不大可行。

第四节　企业合并与分立多税种解析

案例一：企业合并过程中的税收筹划技巧

一、广义上的企业合并概念

✓ 企业合并（combination）：将单独的主体或业务集合为一个报告主体。

✓ 兼并（merger）：吸收合并。

✓ 收购（acquisition）：资产收购和股权收购。

✓ 联合（consolidation）：新设合并。

✓ 接管（takeover）：控制权转移。

□ 金融界：M&A。

□ 会计界：Combination。

二、公司并购与重组的类型

1. 按法律形式分类

✓ 吸收合并 A+B=A

✓ 新设合并 A+B=C

✓ 控股合并 A+B=A+B

2. 按经营模式分类

✓ 横向合并

✓ 纵向合并

✓ 混合合并

三、并购和重组过程中影响税收筹划的主要因素

各国对公司购并和重组一般都有规定，包括财务会计方面的规定和税收方面的规定。大多数国家规定购并各方的债权、债务、税收权利（如应退未退税权利、未用完税收抵免权利等）、税收债务（如应纳未纳税额、应补未补税额等）等，应由购并后存续公司或新设公司继承。各国对这方面的财务会计、税收规定不尽相同，而这些规定与有关公司应缴纳的税收有很大的关系，所以，公司购并和重组对税收筹划有着重要的意义。

我国《公司法》规定：“公司合并时，合并各方的债权、债务，应当由合并后存续的公司或者新设的公司承继。”

企业并购的动机有很多种，图 3-8 进行了很好的总结。取得税收上的优惠也是其中的动机之一。当一家公司想扩大其规模并有大量利润时，与一家有大量亏损的公司合并，希望可以起到既扩大其规模，又减少其应纳所得税的作用；而当一家公司有大量利润并面对高累进税率时，与一家亏损公司合并，希望可以起到少缴或不缴所得税的作用；如果政府鼓励公司合并，对公司合并给予减免税优惠时，公司希望合并能享受减免税优惠。

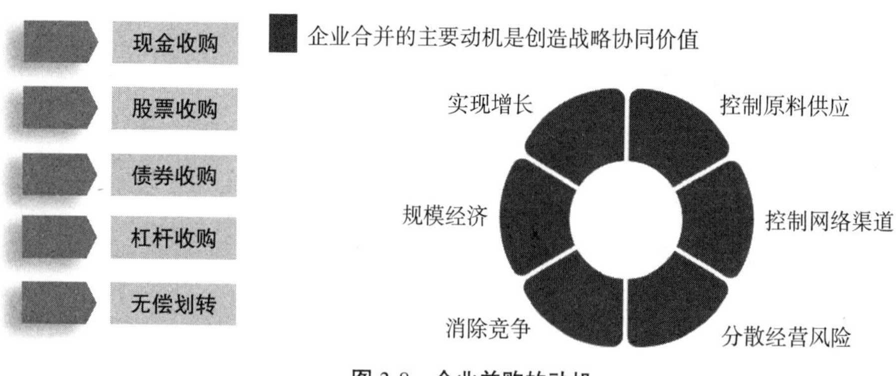

图 3-8　企业并购的动机

但如果公司的购并或重组计划没有经过周密的税收筹划，其希望很可能由于国家的有关规定而落空。公司购并和重组的税收筹划应主要考虑以下因素。

1. 公司购并和重组的税收

公司的购并和重组是现代企业发展的要求，但也可能面临各种税收，如公司税、资本利得税、印花税等。

2. 亏损是否可以承继结转

公司亏损向后期结转是指如果一个公司在某一年中出现亏损，该公司不但可以免缴当年的公司所得税，它的亏损还可以向后期结转，冲抵以后若干年的所得，直到公司亏损全部冲抵完的年度，公司才开始就冲抵亏损后的所得缴纳公司所得税。

3. 采用何种支付方式

一个公司与另一个公司合并，可以采用四种支付方式：以现金购买被合并公司股票；以股票换取被合并公司股票；以股票加现金换取被合并公司股票；以信用债券换取被合并公司股票。这四种支付方式对被合并公司股东来说，按照通常的做法有的是应税交易，有的是免税交易。

（1）当一个公司合并另一个公司，是以这个公司的股票按一定比率换取被合并公司的股票的方式进行时，只要被合并公司的股东未收到合并公司的现金，就是免税合并。在这种情况下，股票转换不视为资产转让，被合并公司的股东没有实现资本利得。因此，这一合并的资本利得或所得可以一直延期到股东出售其股票时才成为应税。

（2）采用以现金或无表决权的证券（如信用债券）购买被合并公司股票的方式，是应税合并。被合并公司股东收到合并公司的现金和债券被视为转让其股票的收入，并会由此产生资本利得，被合并公司的股东要就其资本利得缴纳资本利得税或所得税。

（3）以股票加现金换取被合并公司股票的方式，是部分应税合并。被合并公司股东换取合并公司的股票被视为免税交易，而收到合并公司的现金则被视为处置其部分股票的收入，要计算其部分处置利得，并就利得缴纳资本利得税或所得税。

（4）以可转换债券换取被合并公司股票的方式。兼并另一个公司采用以可转换债券换取被合并公司股票的方式，在税收上也有其好处。合并公司可以不将被合并公司的股票直接转换为新的股票，而是先将它们转换为可转换债券，经过一段时间后再将它们转换为普通股票。这样做在税收上有两点好处：一是公司支付的债券利息可以记入应税所得的扣除项目，可以少缴纳公司所得税；二是公司可以保留这些债券的资本利得直到这些债券转化为普通股票为止。由于资本利得税的延期缴纳，公司可以间接节税。

4. 合并是否可以承继税收优惠

在一些国家，公司合并不但不受任何限制，相反，还可以享受到亏损承继结转等一些其他承继税收优惠。

（1）定期减免税优惠。合并后企业的生产经营业务符合税法规定的定期减免税优惠适用范围的，可以承续合并前的税收待遇。合并前各企业应享受的定期减免税优惠享受期未满而且剩余期限一致的，合并后的企业继续享受优惠至期满。

（2）降低税率。对合并后的企业及其各增值机构，可以根据其实际生产经营情况，依照税法及其实施细则及有关规定，确定适用有关地区性或行业性的税率，并按税法规定划分计算相应的应纳所得税额。

5. 合并费用是否可以扣除

合并中产生的费用通常属于当年可以扣除的费用。例如，在美国收购公司股权时可以将收购支出、合并咨询费、合并双方不竞争协定费等计入当年费用，冲减当年应税所得。

6. 其他可承继或不可承继的权利与义务

不同国家对公司合并相关的其他可承继或不可承继的权利与义务的规定还有很多，比如，一些国家对公司合并有以下规定。

（1）被合并公司或原各公司的固定资产折旧费可以由合并公司或新设公司继续计提下去。

（2）被合并公司或原各公司不属于增值亏损的资本亏损，不能由合并公司或新设公司承继。

（3）被合并公司或原各公司未用完的股息抵免额，不能由合并公司或新设公司承继。

（4）被合并公司或原各公司未用完的预缴公司税抵免额，不能由合并公司或新设公司承继。

（5）被合并公司或原各公司的应纳未纳增值税额，要由合并公司或新设公司承继。

四、并购和重组中具体税收筹划技巧

1. 换股兼并节税法

正如上面所分析的，吸收合并时，合并公司合并被合并公司既可以用现金支付，也可以用其证券（如普通股票、公司债券等）支付。

例如，A 企业购买 B 企业，其出价为 80 万元，而 A 企业资产作为折旧基础的账面价值为 50 万元。如果 A 企业用现金或债券支付，则 A 企业将按其购买成本 80 万元计提折旧；相反，如果 A 企业用其股票支付，则 A 企业将按 B 企业原先的折旧基础 50 万元计提折旧。

2. 双转换兼并模式

这是一种重复利用税收优惠来享受税收筹划利益的企业兼并财务策划模

式，即企业在兼并一个发行股票的企业时，不在兼并时直接将兼并企业的股票转换成新股票，而是先将其转换为可转换债券，一段时间之后，再将其转换成兼并企业的普通股票。企业采用这种兼并策略可享受双重的税收好处前已述及，此处不再赘述。

3. 合并后所得税的税收筹划

利润高的企业可以通过兼并有累积亏损的企业，将企业利润转移到亏损企业账上，表面上是冲抵亏损，实质上是以被兼并企业的亏损额来冲抵其应缴纳的所得税，从而使合并后的企业税负降低。采取此法时还需要注意，对亏损企业的兼并不能不加选择，应建立在资产融合的基础之上，否则会给企业背上沉重的包袱。

◥ 案例二：企业合并重组的税收筹划，盯住“补亏指标”作文章

合并企业支付给被合并企业或其股东的收购价款中，除合并企业股权以外的现金、有价证券和其他资产（以下简称“非股权支付额”），不高于所支付的股权票面价值（或支付的股本的账面价值）20%的，被合并企业不确认全部资产的转让所得或损失，不计算缴纳所得税。被合并企业合并以前的全部企业所得税事项由合并企业承担，以前年度的亏损，如果未超过法定弥补期限，则可由合并企业继续按规定用以后年度实现的与被合并企业资产相关所得弥补。具体按下列公式计算：

某一纳税年度可弥补被合并企业亏损所得额＝合并企业某一纳税年度弥补亏损前的所得额 ×（被合并企业净资产公允价值 ÷ 合并后合并企业全部净资产公允价值）

上述合并方式通常被称为“免税合并重组”。国税发〔2000〕119号文中规定合并企业接受被合并企业全部资产的计税成本，须以被合并企业原账面净值为基础确定，这实质上是一个递延纳税的规定。

在企业购并实务中，往往主并方的绩效较好，而被并方正相反。当被合并企业净资产公允价值为零或负数时，如果选择“免税合并重组”，合并企业按照上述公式将无法获得补亏指标，因为公式中括号内的结果为0。为充分而合理地利用被合并企业的亏损，可采用的纳税筹划方法首先是寻求“债务重组”。

例如，乙公司被合并前两年发生的、尚未弥补的亏损为200万元，合并基准日账面资产和负债均为1 500万元，净资产为零，合并时确认的公允价值也为0。乙公司有A、B两个股东。甲公司系合并企业，合并基准日的净资产为2 000万元，合并后第一个纳税年度补亏前的应纳税所得额为300万元，企业所得税税率为25%。如果甲、乙公司直接合并，则很难利用乙公司的亏损。

现将合并方案改为：合并前，某债权人 C 将其在乙公司的 500 万元长期债权等值转为 500 万元股权，按照国家税务总局第 6 号令中规定的计税原则，乙公司债务重组时不产生所得，尚未弥补的亏损仍为 200 万元，但乙公司合并前的净资产因此增加 500 万元，合并双方决定以该金额为基础合并。合并后当年甲公司可弥补的亏损为 300 × 500 ÷（500+2 000）=60（万元）。这种方案付诸实施的必要前提是甲公司的股东及原乙公司的 A、B 股东必须接纳 C 股东进入新公司，给予其相应的股份，不怕因 C 股东的加盟而稀释其控股权；而 C 股东由债权人变为投资人后，其对公司财产要求权的顺序由前向后转移，C 股东须乐于接受这一事实。

C 股东日后如果希望将“债转股”的 500 万元形成现金流入，则可通过法定程序进行股权转让或从甲公司减资等方式进行。

除了上述“债转股”的方法外，如果合并与被合并企业双方还存在债权债务关系，则还可使用让步式的债务重组。

假设在上例中，乙公司欠甲公司货款 350 万元，现双方签订债务重组协议，乙公司一次性向甲公司支付 200 万元，甲公司豁免其剩余的偿债义务。按照相关规定，乙公司因此而获得了 150 万元的债务重组所得，弥补其亏损后尚有未弥补亏损 50 万元，同时净资产增加 150 万元；甲公司发生了 150 万元的债务重组损失，可直接冲减其当期应纳税所得额，从而通过债务重组实现了对乙公司亏损的直接利用。因为乙公司债务重组后有净资产 150 万元，故其尚未弥补的亏损在合并后仍可由甲公司按上述规定公式计算弥补。

利用这种筹划方法时应注意以下几点。

首先，甲公司应在律师的指导下与双方签订规范、严密的债务重组与合并协议，确保在债务重组后能实现合并与补亏抵税的双重目的，避免豁免对方债务后却合并未果。

其次，乙公司因债务重组而使净资产由 0 变为 150 万元，其股东不能因此提出超过其在合并后公司中所占股份数额的要求，双方应在合并前对此有明确协定和约束。如果将乙公司的亏损全部利用，在不考虑货币时间价值的情况下，抵减的企业所得额为 200 × 25%=50（万元）。甲公司可在此范围内给予乙公司股东适当的股权支付额作为回报。

最后，按规定，“免税合并重组”须经税务机关审核批准，为此应注意关于在企业合并的税收法规中是否限制企业合并前利益各方的某些行为——如债务重组（注：目前还没有这方面的规定），以防止不当筹划的政策风险。

在实践中，还存在一种由亏损企业作为主并方合并绩优企业或购并优势企业盈利部门这种有悖常规的合并方法，从而在合并后用原绩优企业资产和经营部分产生的所得直接弥补主并方的亏损，避开了上述规定公式的限制。这种方式的应用一般情况下是由于主并方虽然效益不佳，但因公司历史较久而拥有品牌效应，或因具有行业准入优势、融资平台功能等而具有潜在的“壳资源”价值。

另外，有人认为，在被合并企业净资产为 0 的情况下，“被合并企业的净资产公允价值可以用合并企业承担的被合并企业的债务额来代替”。笔者认为，这种提法在现行税法中没有明确的规定作为依据，而且其利用的弥补亏损指标比被合并企业存在一定净资产时可利用的补亏指标可能还要高，从而导致计税上的不公。

第五节　有限合伙企业如何进行税收筹划

有限合伙企业与公司制企业相比，在适用税收政策上有着显著区别。然而，有限合伙企业形式在我国出现时间不长且相关配套政策也不够完善，导致有限合伙企业在税收筹划时遇到很多问题，本文就此详细介绍。

一、有限合伙企业与公司制企业组建时的会计与税收问题

1. 有限合伙人投资后的会计核算方法

有限合伙人投资于有限合伙企业后，即按占伙比例在合伙企业占有相应份额，此时，有限合伙人在账面上如何进行财务处理？我国《企业会计准则》和会计制度中未作明确规定。如果记入“长期股权投资”科目，显然不妥，因为有限合伙企业不存在股份和“股权”问题。记入“长期应收款”等作为普通债权性资产也属不当，因为《合伙企业法》中规定，合伙人在合伙企业清算前，一般不得请求分割合伙企业的财产。为此，笔者建议增设“长期投资”科目，用于核算有限合伙人的投资资产。投资以后，对于投资的核算方法存在权益法与成本法之间的选择问题，基于合伙企业的特性及谨慎原则，应采用成本法。这种核算方法也贴近《合伙企业法》中规定的控制权、管理权条款：有限合伙人不执行合伙事务，不得对外代表有限合伙企业。

2. 非货币性资产出资时的视同销售问题

投资人对被投资企业投资，既可以采用货币出资方式，也可以采用非货币性资产出资方式。但是，投资公司制企业时，不得以劳务出资。《合伙企业法》第六十四条规定：“有限合伙人可以用货币、实物、知识产权、土地使用权或者其他财产权利作价出资。有限合伙人不得以劳务出资。”但是，普通合伙人可以用劳务出资，其评估办法由全体合伙人协商确定并在合伙协议中载

明。不同的投资方式下，相应产生了非货币性资产投资的视同销售问题，以及接受投资资产的计税基础问题。

（1）非货币性资产投资的视同销售问题。《国家税务总局关于企业股权投资业务若干所得税问题的通知》（国税发〔2000〕118号）规定："除符合条件的整体资产对外投资外，企业以非货币性资产对外投资应分解为按公允价值销售非货币性资产以及按资产公允价值对外投资两项业务处理。"相应地，接受投资的企业，其资产入账价值和计税基础也为公允价值。新《企业所得税法》实施后，原规定的计税原理和办法在新税法中得以延续。对于有限合伙人以非货币性资产投资于合伙企业，依照新《企业所得税法实施条例》第二十五条"企业发生非货币性资产交换应视同销售"的规定，其资产增值部分也应作视同销售处理。同时，依据《关于个人独资企业和合伙企业投资者征收个人所得税的规定》（财税〔2000〕91号）、《个体工商户个人所得税计税办法（试行）》（国税发〔1997〕43号）的规定，合伙企业接受投资资产计税基础应为公允价值。由此可见，当投资人是公司制企业时，以非货币性资产投资于另一公司制企业或有限合伙企业时的有关税收政策是一致的。

下面再来分析投资人是自然人时的情形。《国家税务总局关于非货币性资产评估增值暂不征收个人所得税的批复》（国税函〔2005〕319号）规定："考虑到个人所得税的特点和目前个人所得税征收管理的实际情况，对个人将非货币性资产进行评估后投资于企业，其评估增值取得的所得在投资取得企业股权时，暂不征收个人所得税。在投资收回、转让或清算股权时如有所得，再按规定征收个人所得税，其'财产原值'为资产评估前的价值。"该文出台的背景是针对自然人投资公司制企业，但也可适用于投资合伙企业。

（2）关于劳务出资问题。如果普通合伙人以劳务出资，参照国税函〔2005〕319号文的精神，其评估价值也不应视同销售。被投资企业能否确认一项资产？不可，因为这不符合《企业会计准则》中对资产的定义——资产是企业拥有或者控制的能以货币计量的经济资源。相应地，也不存在可抵减未来应税所得的资产计税基础。

二、关于征税对象、纳税环节及其税收负担的比较分析

一般观点认为，合伙企业的所得税负担轻于公司制企业。理由是：对作为投资人的自然人在税收成本上有一定差别，公司制企业存在企业所得税双重征税问题，而合伙企业只对合伙人征收所得税。

《合伙企业法》《企业所得税法》以及《企业所得税法实施条例》均明确对境内合伙企业不征收企业所得税，而早在2000年9月，财政部、国家税务总局根据《国务院关于个人独资企业和合伙企业征收所得税问题的通知》中有关“对个人独资企业和合伙企业停征企业所得税，只对其投资者的经营所得征收个人所得税”的规定，制定了《关于个人独资企业和合伙企业投资者征收个人所得税的规定》，明确规定自2001年1月1日起执行。

基于上述规定，合伙企业与公司制企业的税收差别主要表现在投资人身份为自然人时。

比如，现有两名自然人拟设立一家企业，如果设立公司制企业且有所得，则其所得税综合税负为25%+（1−25%）×20%=40%。即假定公司有应税所得100万元，先缴纳企业所得税25万元（税率按25%计算），税后利润75万元在分配给个人时，再扣缴股东20%税率的个人所得税，计15万元，合计的所得税税额为40万元。如果所投资公司为上市公司，则分红环节的个人所得税目前减半征收，综合税负略低。

如果改为设立合伙企业，则企业不缴纳企业所得税，100万元利润全部分配给合伙人时，由合伙人缴纳个人所得税，税率为五级超额累进税率。根据规定，假定上述利润由两名合伙人平分，则应缴个人所得税为[（500 000×35%−6 750）]×2=336 500（元）。所得税综合税负为33.65%。

不过，如果进一步结合我国目前的税收制度，就可以发现设立合伙企业的所得税成本不一定低于设立公司制企业。现不考虑投资人是境外企业或自然人的情形，试分析如下。

首先，如果公司制企业的股东是自然人，企业实现的所得在缴纳25%的企业所得税后，只要不向个人分配税后利润，股东层面的个人所得税便可向后递延，此时税负只有25%。而合伙企业实现的所得无论是否向自然人合伙人分配，都要按占伙比例或按合伙人人数分配所得，对照五级累进税率征收个人所得税，当个人所得超过5万元后，累进税率达到35%。可见，合伙企业看似只对股东实体征收所得税，但边际税率较高，且不能延迟纳税义务。另外，从2008年1月1日我国新《企业所得税法》实施以后，国家重点扶持的高新技术企业所得税税率降至15%，小型微利法人企业所得税税率降至20%，且适用范围有所扩大，相形之下，合伙企业的税收优势有所弱化。

其次，如果公司制企业的股东也是法人公司，企业实现的所得在缴纳25%的企业所得税后，按照《企业所得税法实施条例》的规定，分配给股东的红利属于免税收入。而有限合伙企业分配给作为有限合伙人的公司制企业，须并入该公司应纳税所得额缴纳25%的企业所得税。从这一角度看，两者税收负担并无明显差别。更进一步，如果作为有限合伙人的公司制企业又是由自然人设立的，有限合伙人未来向其分配利润时，还存在一重个人所得税，此时仍存在双重征税问题。

最后，如果一家法人公司A投资于有限责任公司B，B公司专门从事投资业务，B公司又投资了一家境内C公司，C公司向B公司的分红属于股息性免税收入，B公司再将这部分收益分配给A公司，同样属于免税收入。我们再来分析另一种情况：如果一家法人公司A投资于有限合伙企业B，B企业从事投资业务，投资于一家境内C公司，C公司向B企业的分红在B企业固然不产生企业所得税问题，但B企业再将这部分收益分配给A有限合伙人时，必须计入 A 公司的应纳税所得额，缴纳 25% 的企业所得税。在后一种情况下，有限合伙企业各纳税环节的综合税收成本反而高于公司制企业。因此，我们不能仅从合伙企业表象上的“一重所得税”便得出低税收成本的结论。

三、关于有限合伙人纳税义务发生时间的问题

假设目标企业实现了 100 万元的利润，如果该企业是公司制企业，则不管该企业是否向股东分红，企业都必须先缴纳 25% 的企业所得税，企业税后留存的用于企业发展的收益只剩 75%。当然，以后该企业再向境内法人股东分红时，法人股东不再纳税。如果目标企业为有限合伙企业，合伙企业无须缴纳企业所得税，再假定合伙企业实现的利润不向合伙人分配，如果存在作为有限合伙人的公司制法人，那么此时是否产生纳税义务呢？

这里存在关于纳税义务发生时间的问题。财税〔2000〕91 号文第五条中规定：“个人独资企业的投资者以全部生产经营所得为应纳税所得额；合伙企业的投资者按照合伙企业的全部生产经营所得和合伙协议约定的分配比例确定应纳税所得额，合伙协议没有约定分配比例的，以全部生产经营所得和合伙人数量平均计算每个投资者的应纳税所得额。”按此规定，似乎无论合伙企业利润分配与否，合伙人都应按占伙比例乘以合伙企业应税利润总额计算其应纳税所得额。但是，财税〔2000〕91 号文是在修订前的《合伙企业法》背景下制定的，当时，合伙企业的合伙人都是自然人身份的普通合伙人，故当时针对合伙企业的所得税政策都是规定自然人合伙人的个人所得税问题。然而，新《合伙企业法》规定了有限合伙企业组织形式后，合伙人便不再只是缴纳个人所得税，财税〔2000〕91 号文规定的个人所得税纳税义务发生时间不应适用于缴纳企业所得税的有限合伙人。后者的纳税义务适用的法律依据应为 2008 年 1 月 1 日起实施的《企业所得税法暂行条例》第十七条：“企业所得税法第六条第（四）项所称股息、红利等权益性投资收益，是指企业因

权益性投资从被投资方取得的收入。股息、红利等权益性投资收益，除国务院财政、税务主管部门另有规定外，按照被投资方做出利润分配决定的日期确认收入的实现。”如果未实际分配红利之前，对作为有限合伙人的公司不予征税，合伙企业便可将实现的属于有限合伙人利润的 100% 留存于企业，增强企业的资金积累。以后向有限合伙人分配时，有限合伙人再履行纳税义务，征税原则接近于收付实现制。但鉴于《企业所得税法暂行条例》第十七条中有“除国务院财政、税务主管部门另有规定外”一处伏笔，所以建议国家应对有限合伙人的纳税义务加以明确，这既关系到纳税义务的履行，也关系到合伙人占伙比例的调整：自然人须先行履行个人所得税纳税义务，故留存于合伙企业的收益是税后收益，而有限合伙人留存的可能是税前收益。

四、关于投资人亏损弥补的比较分析

我国目前的个人所得税制度为分项税制，而非综合税制，它不以一名纳税人或其家庭为单位综合其全年各种来源的收入，也没有综合考虑其减免和费用扣除计算所得。

假设一名自然人张某投资一家合伙企业 A，占伙比例为 90%，2008 年实现所得 60 万元，同时，张某又投资另一家合伙企业 B，占伙比例为 80%，B 企业年度亏损 100 万元。财税〔2000〕91 号文第十四条规定：“投资者兴办两个或两个以上企业的，企业的年度经营亏损不能跨企业弥补。”据此，2008 年张某须就 A 企业的所得 54 万元缴纳个人所得税。2009 年，张某从 A 企业又实现所得 60 万元，当年将 B 企业清算，清算后的投资损失为 90 万元，张某仍须就 A 企业的所得的 54 万元缴纳个人所得税。同理，如果张某是一名普通合伙人，投资于某一合伙企业发生失败并因此而承担无限责任，但张某个人承担的这部分民事责任并不能抵销其个人其他项目的应税所得（例如张某当年的财产转让所得）。而如果张某投资的 A、B 企业均为有限公司，只要 2008

年度对股东不进行利润分配，便不产生张某个人所得税成本，对B公司投资失败也不会招致无限责任。2009年度，如果将A、B两家企业合并，则B公司的未分配利润（负数）自然与A公司的留存收益相抵，对应地减少了张某的终极所得及未来的股息、红利个人所得税。由此可见，自然人设立合伙企业，特别是作为普通合伙人设立合伙企业，现行税收政策还须兼顾公平，考虑合伙企业的亏损如何抵减合伙人的所得问题。

如果公司制企业投资于另一家公司或投资于一家有限合伙企业而发生损失，产生的所得税影响应无差异。只不过是新《企业所得税法》实施后，投资损失在税前扣除的具体办法尚未明确。

五、关于税前扣除和税收优惠政策的比较分析

除了企业所得税方面的上述差异外，公司制企业与有限合伙企业在税前扣除和税收优惠政策方面也存在一定差别。关于有限合伙企业计算投资人个人所得的税前扣除政策，在财税〔2000〕91号文中规定了部分项目扣除办法，其他项目的扣除办法执行国税发〔1997〕43号文的规定。《财政部、国家税务总局关于调整个体工商户、个人独资企业和合伙企业个人所得税税前扣除标准有关问题的通知》（财税〔2008〕65号）下发后，对上述两个文件中的部分规定做了修改，并在一定程度上消除了与新《企业所得税法》及其实施条例中有关税前扣除规定的差异，在某些方面仍然需要改革和完善相关政策。

（1）新《企业所得税法实施条例》中规定："飞机、火车、轮船以外的运输工具的折旧年限缩短为4年，电子设备缩短为3年。对符合条件的固定资产还有加速折旧的规定。"《财政部、国家税务总局关于企业所得税若干优惠政策的通知》（财税〔2008〕1号）规定："企业购买的软件产品经主管税务机关核准后可以分2年摊销，在计算企业应纳税所得额时于税前扣除。"然而，目前有关计算合伙企业合伙人应税所得的上述税前扣除政策未做相应调整，

一般运输工具和电子设备的折旧年限仍不得短于5年，而购入软件的摊销年限只能对应于不得短于10年的规定。

（2）新《企业所得税法》及其实施条例中规定："创业投资企业采取股权投资方式投资于未上市的中小高新技术企业2年以上的，可以按照其投资额的70%在股权持有满2年的当年抵扣该创业投资企业的应纳税所得额；当年不足抵扣的，可以在以后纳税年度结转抵扣。"显然，创业投资企业如果属于公司制企业，便可享受此税收优惠政策；而创业投资企业如果属于有限合伙企业性质，则不适用上述优惠政策。那么，在计算创业投资企业合伙人应税所得时，能否将创业投资企业符合条件投资额的70%予以抵扣，这是有待研究的一个问题。

（3）目前，按企业研究开发费用的150%在税前加计扣除的优惠政策也是针对缴纳企业所得税的企业的，有限合伙企业同样不适用该项政策。

（4）国税发〔1997〕43号文中规定："个体经营者将其所得通过中国境内的社会团体、国家机关向教育和其他社会公益事业以及遭受严重自然灾害地区、贫困地区的捐赠，捐赠额不超过其应纳税所得额30%的部分可以据实扣除。"目前计算合伙企业投资人应税所得时，仍执行本条规定。但在有限合伙企业出现之后，该条款在执行中产生了困惑：以有限合伙企业名义所做的公益性捐赠，如何在公司性质的有限合伙人的税前扣除？是否按占伙比例将捐赠额分配给合伙人，公司性质的有限合伙人再按《企业所得税法》中规定的标准（不超过利润总额的12%）在税前扣除？

（5）关于资产减值准备金的扣除问题。财税〔2000〕91号文第六条规定："合伙企业计提的各种准备金不得扣除。"而新《企业所得税法》第十条规定："未经核定的准备金支出不得税前扣除。"相比之下，前者的规定更加严格。这是值得商榷的。且不说合伙企业投资人的风险和责任较重，而且合伙企业本身可能从事高风险经营项目，如风险投资。如果对合伙企业计提的任何准备金都不得扣除，很可能导致合伙企业应税所得与损失状况在不同纳税年度之间的分布失当，特别是前期出现高额所得，后期税收口径的损失实现，该损失又不能向前结转退税，往往导致对投资人征税的公平性有所缺失。

（6）以上五点是针对被投资企业所做的分析。在投资人层面也存在税前扣除的差别。如果甲、乙、丙 3 名自然人设立一家 A 合伙企业，所须缴付的出资由 3 人分别向银行贷款。按照我国税法规定，贷款利息不得抵减 3 人的应税所得。这是我国目前的个人所得税税制与他国的不同之处。例如，英国税法对个人贷款利息支出规定有一定的扣除项目，如给合伙企业（在资产账户上）提供资金的利息。假定上述 3 人又投资设立了一家有限公司，现通过有限公司投资另一家有限合伙企业，则通过有限公司融通贷款发生的利息，按《国家税务总局关于执行〈企业会计制度〉需要明确的有关所得税问题的通知》（国税发〔2003〕45 号）的规定可在公司税前扣除。显然，投资人可以做相应的税收筹划，改变投融资渠道，并且选择设立有限合伙企业。

六、关于投资人转让权益的问题

如果认可公司制企业投资于一家有限合伙企业也属于长期投资，则未来投资人将其权益转让应视为实现了资本利得或损失，其税收政策应与转让一家公司股权时应税所得或损失的处理方法相同。

如果自然人转让其在合伙企业的权益，由此而产生的利得是作为我国《个人所得税法》中规定的“财产转让所得”税目，征收 20% 固定税率的个人所得税，还是按照“个体工商户”税目适用五级超额累进税率，目前政策并不明确，实务中各地存在不同的做法。同时，在计算权益转让利得时，如果以转让收入减去合伙人的初始投资，则转让利得中便可能隐含了合伙人留存于合伙企业的收益，且这部分收益已被课税，那么，在计算权益转让利得税时，应考虑对该部分留存收益的扣除。对此，目前的税收政策对计算办法仍未做明确规定。另外，类似于合伙企业日后转变为公司制企业等重组活动中的会计和税收问题，在政策层面上也存在诸多空白。

七、总结与建议

通过上述六方面的比较分析，笔者总结本文的要点如下，并提出几点建议。

（1）创立一家企业时必须考虑采用何种组织形式，其间需要考察各种非税因素，而税收因素也是决定选择企业组织的一个重要方面。我国目前关于合伙企业的财税政策基本上没有考虑到有限合伙企业这种新型企业组织形式，迫切需要研究、制定、落实与这种企业形式有关的财务、会计和税收政策。同时，由于合伙企业在我国企业总量中所占比重甚微，故这方面的财税政策也处于建设期的初级阶段，一些不够明晰的问题急需调查和分析研究，从而为相关行为主体提供规范指南，也有利于其有效决策。

（2）一种组织形式比其他组织形式是否更具税收优势，应该因时因人而论。我国已于2008年1月1日起实行新《企业所得税法》，对于内资企业而言，该法总体上减少了纳税人的税收成本。在这种背景下，如果不考虑递延纳税因素，自然人投资于合伙企业的税收成本与公司制企业的税收成本目前已无明显优势可言。而公司制企业与有限合伙企业相比，特别是当被投资企业属于创业投资企业时，其税收成本可能会高于公司制企业。因此，新《企业所得税法》实施以后，与合伙企业有关的所得税政策有必要进一步调整和完善，包括计算应税所得时的税前扣除、税收优惠政策方面与公司制企业适用政策的对接，个人所得税最高边际税率的适当下调，制定更趋合理的亏损弥补政策等。否则，合伙企业的税收政策与公司制企业相比处于劣势时，可能不利于这种组织形式的健康发展。

（3）一般观点认为，合伙企业充当向所有者转移收入的管道，较之于公司制企业的税收优势，不存在双重征税，然而通过分析发现并不尽然。如何解决其中的不合理重复征税，特别是合伙企业投资分红部分的重复征税，是政策制定者应考虑的问题。

虽然有限合伙企业在做税收筹划时，相关法规并不是十分完善，但仍然是有章可循的，只要通过深入学习相关法律法规和政策就可以把有限合伙企业税收筹划方案做好。

第六节　上市公司合理纳税方案

◥ 案例一：新三板股票转让和分红的税收筹划

在转让新三板股票时，投资者一定会考虑到税收的问题，比如要缴什么税、要缴多少税等。本文从自然人投资、法人投资以及合伙企业投资三个层面，来介绍新三板股票转让的税收问题。

一、股票转让涉及的增值税

首先，股票转让是应该按照金融服务中的金融商品转让缴纳增值税的。根据财税［2016］36号《销售服务、无形资产、不动产注释》第一条第（五）项第4目规定："金融商品转让，是指转让外汇、有价证券、非货物期货和其他金融商品所有权的业务活动。其他金融商品转让包括基金、信托、理财产品等各类资产管理产品和各种金融衍生品的转让。"

其次，金融商品转让，按照卖出价扣除买入价后的余额为销售额。转让金融商品出现的正负差，按盈亏相抵后的余额为销售额。若相抵后出现负差，可结转下一纳税期与下期转让金融商品销售额相抵，但年末时仍出现负差的，不得转入下一个会计年度。一般纳税人适用税率为6%，小规模纳税人征收率为3%。

最后，有价证券通常指上市公司股票和限售股股票，而非上市公司，包括新三板股票是不属于有价证券的。

所以理论上转让新三板股票是否需要缴纳增值税还不是很明确。以北京国税为例，在北京国税《企业持股票、购买理财产品及通知存款等是否缴纳增值税、计税及账务处理详解》（2017年1月18日）中提到转让新三板股票，不属于金融商品转让的征税范围。

二、股票转让涉及的所得税

1. 自然人投资者

首先，我们要分两种情况：一种是挂牌前持有股票的个人投资者，另一种是挂牌后参与交易的个人投资者。

（1）根据《财政部、国家税务总局、中国证券监督管理委员会关于个人转让上市公司限售股所得征收个人所得税有关问题的通知》（财税〔2009〕167号）第八条的规定：“对个人在上海证券交易所、深圳证券交易所转让从上市公司公开发行和转让市场取得的上市公司股票所得，继续免征个人所得税。”根据《国务院关于全国中小企业股份转让系统有关问题的决定》（国发〔2013〕49号）的规定：“市场建设中涉及税收政策的，原则上比照上市公司投资者的税收政策处理。”由此可知，投资者转让的新三板企业股票不需要缴纳个人所得税。

但是在2017年4月，江苏省地税局表示，根据国发〔2013〕49号文件表述的是新三板税收规则“原则上比照”，不具有法律约束力，不应当作为税务执法的依据，应有具体的财税文件支撑。例如股息红利政策就有专门的财税文件出台，说明新三板股息红利参照上市公司执行。所以新三板股票转让应确定为股权转让，须缴纳财产转让所得税。

所以，转让新三板股票是否需要缴纳个人所得税也不是非常清晰，各投资人还需要遵照当地税务局的要求，如果税务局没有要求，则在新三板上买卖股票是不必缴纳个人所得税的。

（2）对于原始股东，在二级市场减持解限股时，股权增值部分要按照“财产转让所得”征收20%的个人所得税。

2. 法人投资者

对于法人企业而言，转让新三板企业的股票，属于“转让财产收入”，以收入全额减除财产净值后的余额为应纳税所得额。

根据《国家税务总局关于贯彻落实企业所得税法若干税收问题的通知》（国税函〔2010〕79号）第三条规定：“企业转让股权收入，应于转让协议生效，且完成股权变更手续时，确认收入的实现。转让股权收入扣除取得该股权所发生的成本后，为股权转让所得。企业在计算股权转让所得时，不得扣除被投资企业未分配利润等股东留存收益中按该项股权所可能分配的金额。”

3. 合伙企业投资者

根据《关于合伙企业合伙人所得税问题的通知》的相关规定，合伙企业生产经营所得和其他所得采取“先分后税”的原则，以每一个合伙人为纳税义务人。合伙企业合伙人是自然人的，缴纳个人所得税；合伙人是法人和其他组织的，缴纳企业所得税。

（1）合伙人为自然人。在不考虑税收优惠的前提下，自然人直接转让股权或股票属于财产转让所得，适用税率是20%，但是在合伙企业转让股权或股票却属于“生产经营所得”，适用5%～35%的超额累进税率。

根据国税发〔2011〕50号文件，合伙企业从事股权（票）、期货、基金、债券、外汇、贵重金属、资源开采权及其他投资品交易的所得，应全部纳入生产经营所得，依法征收个人所得税。根据财税〔2000〕91号文件，合伙企业每一纳税年度的收入总额减除成本、费用以及损失后的余额，作为投资者个人的生产经营所得，比照个人所得税法的“个体工商户的生产经营所得”应税项目，适用5%～35%的五级超额累进税率，计算征收个人所得税。这里所指的收入总额包括了财产转让收入。

值得注意的是，一些地方对股权投资类合伙企业自然人合伙人统一按

20% 的税率征收个人所得税。例如，北京市《关于促进股权投资基金业发展的意见》（京金融办〔2009〕5 号）规定："合伙制股权基金中个人合伙人取得的收益，按照'利息、股息、红利所得'或者'财产转让所得'项目征收个人所得税，税率为 20%。"共青城市共府办发〔2017〕72 号文规定："落户共青城私募园的投资类合伙企业投资收益个税为 20%。"

鉴于此，合伙企业个人投资者税收规定存在地方差异。

（2）合伙企业中的法人股东。由于合伙企业的股权转让所得属于合伙企业的生产经营所得，依据合伙企业生产经营所得采取"先分后税"的原则，对于法人企业投资者，应当按其自身适用税率缴纳企业所得税，一般居民企业的所得税税率为 25%。

三、股息红利所得税

1. 自然人投资者

自然人投资者收到股息红利属于"利息、股息、红利所得"应税项目，适用 20% 的比例税率。但是，国家对新三板公司的股息红利实施差别化个人所得税政策，根据财税〔2014〕48 号和财税〔2015〕101 号文，个人持有全国中小企业股份转让系统挂牌公司的股票，持股期限在 1 个月以内（含 1 个月）的，其股息红利所得全额计入应纳税所得额；持股期限在 1 个月以上至 1 年（含 1 年）的，暂减按 50% 计入应纳税所得额；持股期限超过 1 年的，股息红利所得暂免征收个人所得税。值得注意的是，这里所指的新三板公司的股票包括在新三板挂牌前取得的股票。

2. 法人投资者

根据《企业所得税法》第二十六条的规定："符合条件的居民企业之间的股息、红利等权益性投资收益为免税收入。"同时，根据《企业所得税法实施条例》第八十三条的规定："《企业所得税法》第二十六条所称符合条件的居民企业之间的股息、红利等权益性投资收益，是指居民企业直接投资于其他居民企业取得的投资收益，不包括连续持有居民企业公开发行并上市流通的股票不足12个月取得的投资收益。"因此，对于法人投资新三板企业期间取得的股息红利等所得，如果其持有新三板企业股票超过12个月，就可以不缴纳所得税；但如果未超过12个月，就应该正常并入应税收入缴纳企业所得税。

四、印花税

根据财税〔2014〕47号文件，在全国中小企业股份转让系统买卖、继承、赠与股票所书立的股权转让书据，依书立时实际成交金额，由出让方按1‰的税率计算缴纳证券（股票）交易印花税。所以，转让新三板股票时候，受让方不需要缴税，只有出让方需要缴纳税。

◥ 案例二：上市公司股权激励税收筹划

一、上市公司既定股权激励的公司所得税纳税筹划

2007年的《企业会计准则第11号——股份支付》准则对股票期权、虚拟股票、业绩股票，以及股票增值权等一系列以股份作为基础的支付制定了核算要求，确定了将实施股权激励计划费用化，且规定了股权激励费用的摊销年限。在2008年1月1日起实施的新企业所得税法中仍然没有明确规定在股权激励计划中进行费用化的这部分费用能否税前抵扣。但《国家税务总局关于做好2009年度企业所得税汇算清缴工作的通知》(国税函〔2010〕148号)明确规定："根据企业所得税法精神，在计算应纳税所得额及应纳所得税时，企业财务、会计处理办法与税法规定不一致的，应按照企业所得税法规定计算。企业所得税法规定不明确的，在没有明确规定之前，暂按企业财务、会计规定计算。"依据《企业所得税法》的规定，企业发生的合理的工资、薪金支出准予据实扣除。个人所得税法对个人获得的股权激励所得也认定为工资、薪金所得。总之，无论在会计上还是在税法上，对股权激励中的股份支付的认定都属于企业的工资、薪金支出。因此，实务中，企业把这部分股权激励费用作为支付给员工的工资薪金，在计算企业所得税时，可以抵扣企业的应税所得额，由于法律在这方面仍处于空白，没有要求费用应分期抵扣，企业在企业所得税筹划上空间更大。

首先，公司要注意与以权益结算的股份支付税前扣除相关问题。如税前扣除时点和税前扣除金额。需要注意的是企业的股权激励费用扣除额并不等同于其在损益表中确认的费用，两者之间的差异要按照暂时性差异做相应的会计处理。其次，公司要注意有关资料的报送。为了防止企业随意从所得税前扣减开支，企业应在进行年度所得税申报时，一并报送与股权激励计划有

关的资料。详细材料建议企业向当地税务部门进行咨询。再次，公司可以提取激励基金。在2001年6月30日中国证监会发布《公开发行证券的公司信息披露规范问答第2号——中高层管理人员激励基金的提取》明确了公司可以从所得税前提取激励基金，用于奖励公司人员和作为股权激励的资金来源，上市公司的股权激励计划取得抵减公司所得税的优惠。因此，公司提取的奖励基金可以计作人工成本，抵扣公司所得税税基。如果股权激励计划委托信托公司进行操作，更可以利用商业信托获得股息红利阶段的税收便利，以达到利用信托节税功能实现纳税筹划。

二、上市公司既定股权激励的个人所得税纳税筹划

不同的股权激励模式下，高管人员个人所得税纳税筹划的内容和方法不同。以下对不同的股权激励模式进行具体分析。

1. 股票期权模式

股票期权，是指上市公司授予激励对象在未来一定期限内以预先确定的价格和条件购买本公司一定数量股票的权利。这种模式激励对象有权行使这种权利，也有权放弃这种权利，但不得用于转让、质押或者偿还债务。根据《财政部、国家税务总局关于个人股票期权所得征收个人所得税问题的通知》（财税〔2005〕35号），股票期权激励模式的税收问题分析可分为授权、行权、转让和分红等环节。企业可以在相应的环节进行相应的纳税筹划。

一方面，收入的实现时间及实现水平取决于行权日、行权日股票市价和授予价的设计，纳税筹划的空间比较大。公司可以选择有利的行权日、行权日股票市价和授予价进行筹划。另一方面，由于税法对股票期权个人所得税的征收和管理存在不同的规定，显然这就为纳税人筹划个税提供了操作的空间。

2. 限制性股票模式

限制性股票，是指上市公司按照预先确定的条件授予激励对象一定数量的本公司股票。激励对象只有在工作年限或业绩目标符合股权激励计划规定条件时，才可以出售限制性股票并从中获益。

在这里有必要提一下万科模式：根据《关于实施2006年度限制性股票激励计划的公告》，万科于2006年实施了限制性股票激励计划，利用信托方式管理用于股权激励的资金和股票，并为限制性股票设置了储备期和等待期。这样万科通过信托公司按照信托合同的规定，相对独立地对股票进行管理，因而得以规避《公司法》关于高管人员转让股份的限制性规定，为激励对象的税金来源早作筹划。因此，建议上市公司若决定采用限制性股票激励计划，可参考万科模式利用信托方式（以激励对象为委托人）管理用于股权激励的限制性股票。

需要注意的是，限制性股票激励计划往往与限售股有很多联系。因此，上市公司在实施限制性股票激励计划时，要认真解读关于上市公司转让限售股的相关法规和政策，可以利用转让上市公司限售股的纳税筹划的方法和技巧。

3. 股票增值权 / 账面价值增值权模式

股票增值权是指上市公司授予激励对象在一定的时期和条件下，获得规定数量的股票价格上升所带来的收益的权利。股权激励对象不拥有股票的所有权，也不拥有股东表决权、配股权。股票增值权不能够转让和偿还债务等。账面价值增值权与股票增值权一样，只是直接用每股净资产的增加值来激励其高管人员。

4. 业绩股票 / 业绩单位模式

业绩股票是指在年初确定一个较为合理的业绩目标，如果激励对象到年末时达到预定的目标，则公司授予其一定数量的股票或提取一定的奖励基金购买公司股票。业绩单位模式与业绩股票模式基本相同，只是价值支付方式有差异，激励对象得到的是现金，而不是股票。根据《关于调整个人取得全年一次性奖金等计算征收个人所得税方法问题的通知》（国税发〔2005〕9号）的规定，纳税人取得全年一次性奖金，单独作为一个月工资、薪金所得计算纳税；同时规定上述全年一次性奖金的计算方法每年只能用一次。因此，上市公司可以把股票增值权、业绩股票单位等以现金支付的股权计划解释成具有年薪或年终奖金的双重性质，从而利用国税发〔2005〕9号的规定，这样既没有增加公司的成本，又能够使激励对象获得较高的税后收入。

5. 虚拟股票模式

虚拟股票是指公司授予激励对象一种虚拟的股票，激励对象可以据此享受一定数量的分红权和股价升值收益。如果实现公司的业绩目标，则被授予者可以据此享受一定数量的分红，但没有所有权和表决权，不能转让和出售，在离开公司时自动失效。在虚拟股票持有人实现既定目标的条件下，公司支付给持有人收益时，既可以支付现金、等值的股票，也可以支付等值的股票和现金的组合。由于虚拟股票实质上是一种奖金的延期支付，虚拟股票兑现人应于兑现当天，以其实际取得的收益全额，按“工资、薪金所得”适用的规定计算应缴纳的个人所得税。

6. 经营者 / 员工持股模式

经营者持股是指经营者按照与资产所有者约定的价格出资购买一定数额的本企业股票，并享有股票的一切权利，股票收益可在当年足额兑现的一种激励方式。而员工持股计划是指通过让员工持有本公司股票和期权而使其获得激励的一种长期绩效奖励计划。经营者 / 员工持股激励计划的股票来源主要有：公司无偿赠送给受益人；由公司补贴、受益人购买；公司强行要求受益人自行出资购买。

7. 延期支付计划模式

延期支付计划是指公司将管理层的部分薪酬，特别是年度奖金、股权激励收入等按当日公司股票市场价格折算成股票数量，存入公司为管理层人员单独设立的延期支付账户。

既定股权激励个人所得税纳税筹划应注意如下事项。

（1）注意股权激励模式的选择。一是注意既定模式下的纳税筹划方法和技巧，这些已进行了详细分析；二是注意不同模式税负差异，尽量选择税负低的股权激励模式，这将在后文结合具体的案例进行分析。

（2）注意用于股权激励标的股票是否上市流通以及上市流通的时间。国税函〔2007〕1030 号文件明确对非上市公司员工取得的股权激励收入比照全年一次性奖金的征税办法，计算征收个人所得税。

（3）注意上市公司的层级关系以及持股比例。并非所有上市集团下属的公司均可享受国税函〔2005〕35 号文件规定的优惠。国税函〔2009〕461 号文以及《国家税务总局关于个人所得税有关问题的公告》(国家税务总局公告 2011 年第 27 号）将优惠政策的适用范围局限于境内（外）上市公司主体（含所属分支机构）和境内（外）上市公司控股比例不低于 30% 的成员企业的员工。

（4）注意及时备案登记报送有关材料。国税函〔2005〕35 号文件和财税〔2009〕5 号文件要求实行股票期权计划及股票增值权计划的公司必须及时向主管税务机关报送有关材料；国税函〔2009〕461 号文件更是明确提出了不履行资料报备义务则不允许享受优惠政策的规定。因此，公司应及时向当地税务机关或专管员提交相关文件和资料进行备案。建议公司向其主管税务机关澄清确认具体事项。

（5）还要掌握一些小技巧。例如，将股票期权方案变更为权证激励方案，从股权激励制度设计上进行合理避税。再如，高管在同一纳税年度多次取得股票增值权、限制性股票和股票期权所得的，可适用国税函〔2005〕35号文中的个人所得税优惠待遇，无须将合并后的累计所得按照国税函〔2006〕902号文的规定计征个人所得税，但显然用这种合并方法计征的税负会比分开计算的税负高。

三、不同股权激励模式税负差异分析

为了更加清晰、更有说服力地比较不同股权激励模式的税负差异，以下9个案例，囊括了所有国内常见的股权激励模式（管理层/员工收购模式除外），给公司决策层选择具体合适的股权激励模式提供了建议。为了更好地说明问题，也为了简便起见，本部分的假设如下：

（1）案例中的个人所得税的纳税人均为COO，且COO的2011—2015年的税前总收益均为3 000 000元人民币。

（2）假设2011—2015年国家相关税法征收规定和要求保持稳定。

（3）假设COO任职的上市公司五年内经营状况良好，其所实施的股权激励计划均取得成功。

（4）假设COO五年内工作业绩出色，且公司的股票市值始终处于上涨阶段。

（5）假设不考虑风险及时间价值因素。

案例分析如下。

案例A·工资+年终奖制

2011—2015年，COO为上市公司A的高级管理人员，每月收入30 000元，年终奖为240 000元，即五年内COO的税前总收益为600 000 × 5=3 000 000（元）。

COO 应纳个人所得税如下：

2011 年 9 月 1 日以前，每月应纳个人所得税额为（30 000−2 000）× 25%−1 375=5 625（元）；

2011 年 9 月 1 日以前，应纳个人所得税额共计 5 625 × 8=45 000（元）；

2011 年 9 月 1 日以后，每月应纳个人所得税额为（30 000−3 500）× 25%−1 005=5 620（元）；

2011 全年工资收入应纳个人所得税为 45 000+5 620 × 4=67 480（元）。

2012—2015 年，每年应纳个人所得税额为 5 620 × 12=67 440（元）。

2012—2015 年工资收入应纳个人所得税为 67 480+67 440 × 4=337 240（元）。

每年年终奖应纳个人所得税为 240 000 ÷ 12=20 000（元），适用的个人所得税税率为 25%，速算扣除数为 1 005 元。应纳个人所得税为 240 000 × 25%−1 005=58 995（元）。

五年年终奖应纳的个人所得税共计 58 995 × 5=294 975（元）。

因此，五年内 COO 应纳个人所得税额共计 294 975+337 240=632 215（元）。

企业所得税：公司为 COO 支付的薪金可全额在税前扣除，所以企业五年实际税前支付金额共 600 000 × 5=3 000 000（元）。

案例 B · 年薪制

2011—2015 年，上市公司 B 的高级管理人员 COO，年薪为 600 000 元。即五年内 COO 的税前总收益为 600 000 × 5=3 000 000（元）。

COO 应纳个人所得税：2012—2015 年，每年应纳个人所得税额为［（600 000 ÷ 12−3 500）× 30%−2 755］× 12=11 195 × 12=134 340（元）；

因此，五年内 COO 应纳个人所得税额共计 134 340 × 5=671 700（元）。

企业所得税：显然，公司为 COO 支付的薪金可全额在税前扣除，所以企业五年实际税前支付金额共计 600 000 × 5=3 000 000（元）。

案例 C · 股票期权

上市公司 C 于 2011 年 1 月 1 日授予公司高管 COO100 000 股本公司股票期权，每份股票期权授予后自授予日起 5 年内有效；等待期为 3 年，3 年等待期内股票不得转让，约定的执行价格为每股 6 元。假定 3 年后经考核符合行权条件，可以于 2014 年 1 月 1 日行权。2014 年 1 月 1 日，COO 按约定以每股 6 元的价格购入 100 000 股本公司的股票期权，此时公司股票市值为 18 元 / 股；2015 年 12 月 31 日，股票市值升至 30 元 / 股，COO 以市价全部卖出其所拥有的股票。COO 的月工资为 10 000 元。计算个人所得税时，证券交易环节产生的税费忽略不计。COO 的税前总收益：30 × 100 000-6 × 100 000+10 000 × 12 × 5=3 000 000（元）。

COO 应纳个人所得税：2014 年 1 月 1 日以股票期权形式取得的工资薪金应纳税所得额 =（行权股票的每股市场价 - 员工取得该股票期权支付的每股施权价）× 股票数量，即：（18-6）× 100 000=1 200 000（元）。

由于员工取得来源于中国境内的股票期权形式工资薪金所得的境内工作期间月份数为 12 个月，且 1 200 000/12=100 000 元，对应的税率为 25%，速算扣除数为 1 005。故 2014 年 1 月 1 日，COO 股票期权所得应缴个人所得税额 为（1 200 000 ÷ 12 × 25%-1 005）× 12=287 940（元）。2015 年 12 月 31 日，COO 将所拥有的股票卖出，根据现有的税法规定，暂免征收个人所得税。COO 五年里的工资应交个人所得税额为 48 540 元。

因此，COO 五年应交纳个人所得税额共计 48 540+287 940=336 480（元）。

企业所得税：上市公司 C 于 2014 年 1 月 1 日支付给 COO 的股票增值差价为 120 000 元，加上为其支付的工资薪金 10 000 × 12 × 5=600 000（元），因此，公司五年内实际税前支付了 120 000+600 000=720 000（元）。

案例 D · 限制性股票

上市公司D于2010年5月31日经股东大会通过一项限制性股票激励计划，

授予公司高管限制性股票。2011 年 1 月 1 日，根据该计划，2010 年业绩达到授予条件，公司于当日按每股 6 元的价格授予公司总经理 COO 300 000 股限制性股票，并收到 COO 1 800 000 元购股款。当日，COO 在中国证券登记结算公司登记该股票，并且当日该公司股票收盘价为 9 元 / 股。根据计划规定，自授予日起至 2012 年 12 月 31 日为禁售期。禁售期后 3 年内为解锁期，分三批解锁：第一批为 2013 年 1 月 1 日，解锁 30%；第二批为 2014 年 1 月 1 日，解锁 30%；第三批为 2015 年 1 月 1 日，解锁剩余的 40%。2013 年 1 月 1 日，经考核符合解锁条件，公司对 COO 的 90 000 股股票实行解禁。当日，公司股票的市场价格为 11 元 / 股。COO 于 2013 年 6 月 30 日将 90 000 股股票以 12 元 / 股的价格卖出。2014 年 1 月 1 日，经考核符合解锁条件，公司对 COO 的 90 000 股股票实行解禁。当日，公司股票的市场价格为 13 元 / 股。COO 于 2014 年 6 月 30 日将 90 000 股股票以 14 元 / 股的价格卖出。2015 年 1 月 1 日，经考核符合解锁条件，公司对 COO 剩余的 120 000 股股票实行解禁。当日，公司股票的市场价格为 15 元 / 股。COO 于 2016 年 1 月 1 日将 120 000 股股票以 15.5 元 / 股的价格卖出。COO 月工资收入为 10 000 元。

COO 的税前总收益为 −1 800 000+90 000 × 12+90 000 × 14+120 000 × 15.5+10 000 × 12 × 5=3 000 000（元）。

COO 应纳个人所得税：2013 年 1 月 1 日，COO 应纳税所得额 =（股票登记日股票市价 + 本批次解禁股票当日市价）÷ 2 × 本批次解禁股票份数 − 被激励对象实际支付的资金总额 ×（本批次解禁股票份数 ÷ 被激励对象获取的限制性股票总份数），即（9+11）÷ 2 × 30% × 300 000−1 800 000 × 30%=360 000（元）。应纳个税税额为（360 000 ÷ 12 × 25%−1 005）× 12=77 940（元）。

2013 年 6 月 30 日，COO 将 90 000 股票转让，暂免征收个人所得税。

2014 年 1 月 1 日，COO 应纳个人所得税额为（9+13）÷ 2 × 30% × 300 000−1 800 000 × 30%=450 000（元）。应纳个人所得税额为（450 000/12 ×

30%−2 775）×12=101 700（元）。

2014 年 6 月 30 日，COO 将 90 000 股票转让，暂免征收个人所得税。

2015 年 1 月 1 日，COO 应纳个人所得额为（9+15）÷2×40%×300 000−1 800 000×40%=720 000（元）。应纳个人所得税额为（720 000÷12×35%−5 505）×12=185 940（元）。

2016 年 1 月 1 日，COO 将剩余股票转让，暂免征收个人所得税。

COO 五年里的工资应交个人所得税额共计 48 540 元。

因此，COO 五年内应纳个人所得税额共计 77 940+101 700+185 940+48 540=414 120（元）。

公司所得税方面：2011 年，公司为 COO 实际负担限制性股票市价与授予价格之间的差额共计（9−6）×300 000=900 000（元），加上工资支出 600 000（元），因此，公司五年里实际税前支付了 900 000+600 000=1 500 000（元）。

上市公司 D 授予 COO 的限制性股票并非在限售股的征税范围，即不可按照转让上市公司限售股缴纳个人所得税。转让上市公司限售股的纳税筹划分析将在后面详细介绍。

案例 E・股票增值权 / 账面价值增值权计划

上市公司 E 2011 年股权激励计划规定：以该上市公司为虚拟标的股票，在满足业绩考核标准的前提下，由公司以现金方式支付行权价格与兑付价格之间的差额；本期计划授予的股票增值权的行权等待期为两年。自 2011 年 1 月 1 日—2012 年 12 月 31 日，等待期满后的 3 年为行权期。其中，第一批计划可行权的股票增值权占该期所授予股票增值权总量的 30%，第二批计划可行权的股票增值权占该期所授予股票增值权总量的 30%，第三批计划可行权的股票增值权占该期所授予股票增值权总量的 40%。2011 年 1 月 1 日，公司高管 COO 获得 300 000 份股票增值权，授予价格为 5 元 / 股。假定 2014 年 1 月 1 日其业绩考核符合标准，并按计划兑现股票增值权总量 30% 的增值额，当日该公司股票的收盘价格为 10 元 / 股。2015 年 1 月 1 日其业绩考核符合标准，并按计划兑现股票增值权总量 30% 的增值额，当日该公司股票的收盘价格为 13 元 / 股。2016 年 1 月 1 日 COO 的业绩考核符合标准，并按计划兑现股票增值权总量 40% 的增值额，当日该公司股票的收盘价格为 15.25 元 / 股。COO 月工资收入为 10 000 元。

COO 的税前总收益：（10−5）×90 000+（13−5）×90 000+（15.25−5）×120 000+600 000=3 000 000（元）。

COO 应纳个人所得税：2014 年 1 月 1 日，COO 股票增值权应纳个人所得税额为（10−5）×30%×300 000=450 000（元）。应纳个人所得税额为（450 000÷12×30%−2 755）×12=101 940（元）

2015 年 1 月 1 日，COO 股票增值权应纳个人所得税额为（13−5）×40%×300 000=720 000（元）。应纳个人所得税额为（720 000÷12×35%−5 505）×12=185 940（元）。

2016 年 1 月 1 日，COO 股票增值权应纳个人所得税额为（15.25−5）×40%×300 000=1 230 000（元）。应纳个人所得税额为（1 230 000÷12×45%−13 505）×12=391 440（元）。

COO 五年里的工资应交个人所得税额共计 48 540 元。

因此，COO 五年内应纳个人所得税额共计 101 940+ 185 940 +391 440+48 540=727 860（元）。

公司所得税方面：根据税法的规定，企业以权益结算的股份支付形式作为员工激励而发放的现金不可以税前抵扣。因此，公司实际支出：600 000+（450 000+720 000+1 230 000）÷（1−25%）=600 000+3 200 000=3 800 000（元）。

案例 F · 业绩股票 / 业绩单位

上市公司 F 于 2011 年正式推出业绩股票激励计划，根据年度业绩考核结果实施奖罚。公司将按经审计后的税后利润在提取法定公积金及任意公积金后 1.5% 的比例提取，对考核合格的公司高管人员进行奖励，奖励以年度计一次性奖励。奖金的一部分用于购买 F 上市公司的股票，其余为现金发放。基金只能用于为激励对象购买本公司的流通股票并作相应冻结。假设 COO 月工资收入为 10 000 元。2011 年，COO 2010 年的业绩达到相应的考核绩效，公司奖励其总价值 120 000 元的业绩股票，现金奖励为 120 000 元；2012 年，COO 2011 年的经营成果达到相应的考核绩效，公司奖励其总价值 240 000 元的业绩股票，现金奖励为 120 000 元；2013 年，COO 2012 年的经营绩效达到相应的考核标准，公司奖励其总价值 360 000 元的业绩股票，现金奖励为 120 000 元；2014 年，经考核 COO 2013 年的工作业绩出色，达到相应的考核目标，公司奖励其总价值 480 000 元的业绩股票，加现金奖励 120 000 元；2015 年，COO 2013 年完成了相应的考核任务，公司奖励其总价值 600 000 元的业绩股票，外加现金奖励 120 000 元。

COO 的税前总收益：（120 000+120 000）+（240 000+120 000）+（360 000+120 000）+（480 000+120 000）+（600 000+120 000）+600 000=3 000 000（元）。

COO 应纳个人所得税：由于该公司对 COO 的奖励以年度计一次性奖励，故可将 COO 的业绩股票奖励和现金奖励视为年终奖。

2011 年，COO 应纳个人所得税额为（120 000+120 000）×25%−1 005=58 995（元）。

2012 年，COO 应纳个人所得税额为（240 000+120 000）×25%−1 005=88 995（元）。

2013 年，COO 应纳个人所得税额为（360 000+120 000）×30%−2 755=141 245（元）。

2014 年，COO 应纳个人所得税额为（480 000+120 000）×30%−2 755=

177 245（元）。

2015 年，COO 应纳个人所得税额为（600 000+120 000）×35%−5 505=246 495（元）。

COO 五年里的工资应纳个人所得税额共计 48 540 元。

因此，COO 五年应纳个人所得税额共计 58 995+88 995+141 245+177 245+246 495+48 540=761 515（元）。

在公司所得税方面，《企业所得税法》第八条规定："企业实际发生的与取得收入有关的、合理的支出，包括成本、费用、税金、损失和其他支出，准予在计算应纳税所得额时扣除。"上市公司 F 为 COO 支付的业绩股票奖励无法全额在税前扣除，其中只有现金奖励可以在税前扣除。因此，公司五年里实际税前支付总额为 600 000+120 000×5+（120 000+240 000+360 000+480 000+600 000）÷（1−25%）=3 600 000（元）。

案例 G·虚拟股票计划

2010 年 11 月，上市公司 G 开始在企业内部试行"虚拟股票"股权激励机制，此阶段计划的激励对象主要为公司的高级管理人员、高级工程师等。总体思路是将每年员工奖励基金转换为公司的"虚拟股票"并由授予对象持有。持有人在规定的期限到期后可按照公司的真实股票市场价格以现金兑现。即虚拟股票以上市公司 G 的股数计算，并以基准价格（签约时的市场实际价格按一定的比例进行折扣确定）和兑现时的实际市场价格的差价作为受益人的实际所得，公司会代为缴纳个人所得税。而且虚拟股票在一定时间内不得兑现，不得流通，但享有分红、转增股本等权利。在股票期权兑现方面，规定自首期起五年内每年兑现额度的 20%。假设 2011 年 1 月 1 日公司与 COO 签订虚拟股票授予合同。合同规定，在未来五年里，每年年初赠予 COO 30 000 股虚拟股票，期间享受分红、配送股以及转增股本等权利。2011 年 1 月 1 日，公司授予COO 30 000股虚拟股票；2012年1月1日，公司授予其30 000股虚拟股票；2012年5月31日，公司宣布2011年的股利政策，每股赠2股，股权登记日为2011年5月15日；2013年1月1日，公司授予COO 30 000股虚拟股票；2013年2月30日公司宣布上一年股利政策，每股派现5元，股权登记日为2012年5月15日，股息发放日为2013年6月30日。当日，COO领取股息分红共计600 000元。2014年1月1日，公司授予COO 30 000股虚拟股票；同年3月20日，公司宣布上年的股利政策，每股赠送1股，股权登记日为2013年10月20日。2015年1月1日，公司授予COO 30 000股虚拟股票；COO于2015年12月31日以当日市价15元/股兑现虚拟股票，年初股票市值为12元/股，签约的基准价格为10元/股。因此，COO得到1 800 000元［360 000×（15-10）］的虚拟股票所得。

COO的税前总收益：因“每股赠2股”，2012年1月1日其所持股票总股数为30 000×3+30 000=120 000（股）；2013年1月1日其所持股票总股数为120 000+30 000=150 000（股），因“每股派现5元”，2013年6月30日COO领取股息分红共计600 000元；因“每股赠送1股”，2014年1月1日其所持股票总股数为150 000×2+30 000=330 000（股）；2015年1月1日其所持股票总股数为330 000+30 000=360 000（股），2015年12月31日COO行权共得虚拟股票收益1 800 000元。因此，五年内COO的税前收益为600 000+1 800 000+600 000=3 000 000（元）。

COO应纳个人所得税：因为COO领取的股息红利并非真正的股票红利，因此不能按照“利息、股利、红利所得”征税，只能按照“工资、薪金所得”征税，且因在6月30日发放，故可将其解释为半年奖。

2013年6月30日，COO虚拟股票应交个人所得税额为600 000×45%-13 505=256 495（元）。在2015年12月31日兑现日，COO应纳个人所得税额为[(15-10)×360 000÷12×45%-13 505]×12=647 940(元)。

COO 五年内的工资应纳个人所得税额共计 48 540 元。

因此，COO 五年应纳个人所得税额共计 256 495+647 940+48 540=952 975(元)。

公司所得税：上市公司发放给 COO 的股息红利 600 000 元因为是税后支付，故无法在税前扣除；实务中，企业以权益结算的股份支付形式作为员工激励而发放的现金不可以税前抵扣，所以，上市公司为 COO 支付的 1 800 000 元虚拟股票所得不能在税前扣除，因此，上市公司五年内为 COO 实际的税前支付金额为 600 000+(600 000+1 800 000)÷(1-25%)=3 800 000(元)。

案例 H·经营者/员工持股计划

上市公司 H 股东大会决定于 2011 年实行内部员工持股计划。公司将通过信托基金组织，一次性从股票市场回购公司一定数量的股票，然后再通过信托基金把买回的股票重新分配给员工。员工出资 50% 购买本公司流通股股票，其余资金由信托基金暂付，公司员工以所持股票红利进行偿还，利息费用由公司承担。COO 也是此次员工持股计划的激励对象，2011 年 1 月 1 日，COO 经批准购买公司股票 300 000 股，买价为 5 元/股，支付现金 750 000 元。2012 年 3 月 30 日，公司宣布上年的股利政策：每股送 1 股，股权登记日为 2011 年 6 月 30 日。2013 年 4 月 5 日，公司宣告上年的股利政策：每股派现 1.25 元，股权登记日为 2012 年 5 月 30 日，COO 将分红所得全部用于偿还 2011 年初的剩余购股款。2014 年 4 月 1 日，公司宣告 2013 年的股利政策：每股派现 0.5 元，股权登记日为 2013 年 5 月 20 日。2015 年 12 月 30 日，COO 以 6 元/股的价格，将所持股票变现。COO 月工资收入为 10 000 元。

COO 的税前总收益：-750 000+300 000×2×1.25-750 000+300 000×2×0.5+600 000×6+600 000=3 750 000(元)。

COO 应纳个人所得税：2012 年 5 月 30 日，COO 领取红利应交税额为 1.25

×600 000×20%÷2=75 000（元）。

2014 年 4 月 1 日，COO 领取红利应交税额为 0.5×600 000×20%÷2=30 000（元）。

2015 年 12 月 30 日，COO 将所持股票变现，暂免征个人所得税。

COO 五年内的工资应纳个人所得税额共计 48 540 元。

因此，COO 五年应纳个人所得税额共计 75 000+30 000+48 540=153 540（元）。

公司所得税：上市公司五年内为 COO 实际税前支付金额为（1.25×600 000+0.5×600 000）÷（1-25%）=1 400 000（元）。

案例 I · 延期支付计划

上市公司 I 于 2011 年实行延期支付计划，规定期限为 3 年，在规定的期限内，该法人代表拥有这部分股份的所有权、分红权和增配股权，但不能将该股份进行流通交易。2011 年，COO 由于上年工作出色，得到“效益薪金”奖励 200 000 元，全部用来购买本公司的股票；2012 年，COO 在 2011 年高效地完成工作任务，得到“效益薪金”奖励 200 000 元，全部用来购买本公司的股票；2013 年，COO 因上年工作出色，得到“效益薪金”奖励 300 000 元，全部用来购买本公司的股票；2014 年，COO 再接再厉，工作成绩优秀，得到“效益薪金”奖励 300 000 元，2014 年 6 月 1 日，以 5 元 / 股的价格行权，获得公司股票 200 000 股。2015 年 1 月 1 日，COO 同样因为成绩出色，被奖励 600 000 元，用于购买公司股票，当日以 6 元 / 股换的股票 100 000 股，2015 年 12 月 30 日，将所持有的公司股票 300 000 股变现，每股 8 元，收入 2 400 000 元。

COO 应纳个人所得税如下。

2012 年，COO 应纳个人所得税额为 200 000×25%-1 005=48 995（元）。

2013 年，COO 应纳个人所得税额为 300 000×25%-1 005=73 995（元）。

2014 年，COO 应纳个人所得税额为 300 000×25%−1 005=73 995（元）。

2015 年，COO 应纳个人所得税额为 600 000×30%−2 775=177 225（元）。

2015 年 12 月 30 日，将所持有的公司股票 300 000 股变现，暂免征个人所得税。

COO 五年内的工资应纳个人所得税额共计 48 540 元。

因此，COO 五年应纳个人所得税额共计 48 995+73 995+73 995+177 225+48 540=422 750（元）。

公司所得税：上市公司五年内为 COO 实际税前支付金额为 200 000+200 000+300 000+300 000+600 000=1 600 000（元）。

四、不同股权激励模式税负差异综合分析

依据前述案例 A 至案例 I 的数据计算分析整理为表 3-3 和表 3-4。

表 3-3　不同股权激励模式个人所得税税负差异对比表

单位：元

序号	股权激励模式	高管个税税负	税负由低到高排列顺序
Ⅰ	股票期权计划	336 480	1
Ⅱ	经营者 / 员工持股计划	153 540	2
Ⅲ	限制性股票计划	414 120	3
Ⅳ	延期支付计划	422 750	4
Ⅴ	工资 + 年终奖制	632 215	5
Ⅵ	年薪制	671 700	6
Ⅶ	股票 / 账面价值增值权计划	727 860	7
Ⅷ	业绩股票 / 业绩单位计划	761 515	8
Ⅸ	虚拟股票计划	952 975	9

表 3-4　不同股权激励模式企业所得税税负差异对比表

单位：元

① 序号	② 股权激励模式	③ 企业实际税前支付金额	④ ③由低到高排列	⑤ 公司所得税节税金额	⑥ ⑤由高到低排列	⑦ 企业实际负担金额＝③－⑤	⑧ ⑦由高到低排列
Ⅰ	股票期权计划	720 000	1	180 000	5	540 000	1
Ⅱ	经营者／员工持股计划	1 400 000	2	0	7	1 400 000	2
Ⅲ	限制性股票计划	1 500 000	3	375 000	3	1 125 000	3
Ⅳ	延期支付计划	1 600 000	4	400 000	2	1 200 000	4
Ⅴ	工资＋年终奖制	3 000 000	5	750 000	1	2 250 000	5
Ⅵ	年薪制	3 000 000	5	750 000	1	2 250 000	5
Ⅶ	股票／账面价值增值权计划	3 800 000	7	150 000	6	3 650 000	7
Ⅷ	业绩股票／业绩单位计划	3 600 000	6	300 000	4	3 300 000	6
Ⅸ	虚拟股票计划	3 800 000	7	150 000	6	3 650 000	7

基于以上案例，依据表 3-3，在个人所得税方面，得出以下结论。

（1）不同的股权激励模式税负差异非常大。例如，税负最高的是虚拟股票股权激励模式，这种模式的个税税负高达 952 975 元；而税负最低的是股票期权，此模式的个税税负仅为 336 480 元，两者相差 952 975−336 480=616 495（元）。

（2）股权激励模式的个税税负不一定比传统薪酬激励模式（工资＋年终

奖、年薪制等）的个税税负低。例如，只有股票期权计划、限制性股票计划、经营者 / 员工持股计划和延期支付计划的税负比传统薪酬激励计划的税负低。

根据表 3-4，在企业所得税方面得出以下结论。

（1）不同股权激励模式税负差异非常大。例如，税负最高的是虚拟股票股权激励计划和股票 / 账面价值增值权激励计划，在这种模式下公司实际税前支付金额均高达 3 800 000 元，公司所得税节税金额均为 150 000 元，企业实际负担金额均高达 3 650 000 元。而税负最低的是股票期权激励计划，此模式下，公司实际税前支付金额仅为 720 000 元，公司所得税节税金额为 180 000 元，企业实际负担金额仅为 540 000 元。两种方式下，企业实际负担金额总相差高达 3 650 000−540 000=3 110 000（元）。

（2）传统激励模式下，公司所得税节税金额要远远高于股权激励模式的公司所得税节税金额。这说明目前还缺乏股权激励税法方面的优惠政策。

（3）从企业实际负担的金额来看，传统激励模式未必比股权激励模式的实际负担金额高。

根据表 3-3 及表 3-4，可以看出，对同一种股权激励模式来讲，基本上可以实现高管利益与公司利益及股东利益的一致。

五、转让上市公司限售股的纳税筹划

根据《关于个人转让上市公司限售股所得征收个人所得税有关问题的通知》（财税〔2009〕167 号）以及《财政部、国家税务总局证监会关于个人转让上市公司限售股所得征收个人所得税有关问题的补充通知》（财税〔2010〕70 号）有关规定：“纳入征税范围的限售股包括：股改限售股；新股限售股；个人从机构或其他个人受让的未解禁限售股；个人因依法继承或家庭财产依法分割取得的限售股；个人持有的从代办股份转让系统转到主板市场（或中小板、创业板市场）的限售股；上市公司吸收合并中，个人持有的原被合并方公司限售股所转换的合并方公司股份；上市公司分立中，个人持有的被分立方公司限售股所转换的分立后公司股份；其他限售股。”具体的纳税筹划技巧如下。

（1）限售期内配送改为解禁后大比例送、转股来节税。按照财税〔2009〕167号文件的规定，限售股只有在解禁期前产生的送、转股才属于应征税的限售股范围。而上市公司实行大比例送、转股后，股票价格会大比例下降，因为此时产生的送、转股不征收个人所得税，因此个人股东占绝大多数的创业板上市公司和中小板上市公司可以放弃限售期间的年度送、转股，改在限售期结束之后再进行高比例送转，这样会有效降低个人股东转让限售股的个人所得税税负。此外，“高送转”股票的时间选择是可能进行避税的关键，上市公司一定要选择恰当的高比例送股的时点。

（2）利用机构配售。除股改限售股和IPO限售股外，目前市场上还有一些有限售期要求的股票，主要是机构配售股和增发股。机构配售股是指IPO的时候，参与网下申购的机构投资人获得的股票，这部分需要锁定三个月到半年，然后才可以上市交易。增发股类似机构配售股，是指定向增发后的股票，需要锁定一年，才可以上市交易。按现行规定，机构配售股和增发股转让所得不需要征收个人所得税。因此，持股人可以利用机构配售股和增发股，进行限售股转让时的纳税筹划。

（3）利用15%核定线进行纳税筹划。纳税人实际上可能会通过合理的测算利用15%核定线来进行纳税安排。设限售股转让收入为X，限售股原值为Y，合理税费为m，则X-（Y+m）=X-15%X。当限售股原值Y小于15%X-m时，纳税人可选择按核定方式纳税；反之，则应选择提供资料据实计算限售股转让的应纳税所得额向税务机关申请清算。财税〔2009〕167号文件对不能提供完整、真实限售股原值凭证的投资者设定了15%核定限售股原值及合理税费的标准，如果部分持股人持股成本低于转让收入的15%，则可能会为了避免部分税费而故意不提供限售股原值凭证。《国家税务总局关于做好限售股转让所得个人所得税征收管理工作的通知》（国税发〔2010〕8 号）规定："纳税人转让股改限售股的，采取证券机构预扣预缴和纳税人自行申报清算相结合的方式征收。"在清算中，重新计算的应纳税额确实低于预扣预缴部分时，税务机关将予以退还；高于预扣预缴的部分，纳税人则应补缴税款。如果纳税人转让限售股实际收益率高于证券机构按照预扣预缴收入的 85% 计算税款时的收益率水平，纳税人可能就会主动放弃清算，从而使得税务机关要求纳税人补缴税款的规定落空。但如果纳税人不主动补缴，仍然会有被追缴的风险。

（4）利用部分地区税收优惠政策享受限售股减持税收优惠，或者将股票账户转移到可获得"财政奖励"地方的证券公司。我国部分地区出台了限售股转让个人所得税优惠政策，如果限售股股东在当地减持限售股，可以享受个人所得税一定比例的奖励性返还。奖励返还的比例一般在按照上述方法计算的个人应缴所得税总额的 17% ～ 30.4%。

（5）在限售股解禁期后，遇到行情低迷的情况，通过证券公司和专业咨询公司设计方案来降低"限售股"身份纳税的获利总额。等行情变好，即使股价再高，投资者也无须缴税。如果将这个方法结合上述方法，就可以达到更大的避税空间。

◥ 案例三：境内公司境外上市企业的税务筹划

对于“走出去”的中国企业而言，国际税务环境复杂多变，各国税制不尽相同，境外投资的法律形式选择、架构搭建、融资安排、商业模式等，都将影响母公司以及境外运营实体的税收，从而影响投资收益。“走出去”之前，如何制定税收筹划方案，规避风险，提升企业的全球运营效率，成为企业家必备的功课。

如果将企业境外投资行为分为投资、运营、退出三个阶段，那么税务问题贯穿始终。如何在遵守法律的前提下充分享受海外的税收优惠，从选择合适的企业组织架构、时刻了解所在国的税法变动，到退出时的协商机制，企业需要建立有针对性的税务理念。

1. 选合适的组织架构

中国企业境外投资的首要问题是选择一个合适的组织架构，合适的法律形式能保护中国投资者规避法律风险，有助于实现投资收益最大化，这是企业境外投资获得成功的基石。综合考虑和分析投资母国、投资东道国以及中间控股公司所在国的相关税务影响，应贯穿于组织架构搭建的始终。

中国企业在境外投资的股权投资架构方面，可以选择由中国境内公司直接持有境外实体的股权（直接投资），也可以通过在其他国家（地区）设立中间控股公司，间接持有境外实体股权（间接投资）。

相比直接投资，间接投资具有诸多优势。第一，间接投资在引入投资、利润汇回以及退出时，更加灵活；第二，能够更好地规避法律、税务以及业务运营的风险；第三，可以降低或免除所须缴纳的境外预提所得税，充分利用境外税收抵免；第四，有效控制投资收益汇回的时间，从而递延纳税；第五，增加可供再投资的现金利润。

2. 注重各国的税务变动

中国企业在跨境运营的过程中须注意：应遵守各国当地的税法规定，并密切关注重要的税法变更和发展动向，及时调整税务方案；应选择最有利的法律形式，并充分利用东道国提供的地区和行业税收优惠，争取实现在东道国实际税负的合理化。

3. 股权融资和债权融资的税务处理

股权融资和债权融资两种方式下的税务处理通常不同。债权融资通常可以用利息抵减应纳税所得额，从而享受税收利益。集团母公司可以向关联方借款，从而降低企业整体税负。

具体做法可以是境内的投资公司向境外的被投资公司提供借款，被投资企业因该笔借款支付的利息可以用来抵减被投资企业的利润。除了关联方直接跨境借款外，母公司也可以通过背靠背贷款、关联方担保或融资租赁等方式达到债权融资目的。

4. 通过关联交易

转让定价是跨国供应链税务管理的核心问题，转让定价问题涉及更多不同税收管辖权下的利润分配。而关联企业间的利润分配主要取决于关联企业在集团内部承担的职能和风险。

5. 利润汇回的渠道

利润汇回的税务筹划有利于企业未来海外业务的拓展、境外自由资金的使用，同时，也可以降低境外投资收益汇回过程中的税务成本。中国企业可以通过合法的渠道实现将境外盈利的汇回，上述渠道包括但不限于：支付采购有形货物的货款；支付服务费；支付特许权使用费；偿还贷款的利息和本金；派发股息、红利。

6. 境外投资资本退出的途径

中国企业境外投资资本的退出，主要可以通过以下途径实现：（1）转让东道国公司的资产，随后清算并注销该东道国公司；（2）转让东道国公司的股权；（3）转让中间控股公司的股权；（4）中间控股公司或东道国公司在公开的证券交易市场上市。

案例四：上市公司限售股减持的税务筹划

上市公司限售股是基于我国上市公司股权分置改革和稳定证券市场需要而产生的一类特殊股票形式。目前上市公司限售股主要分为两类：**一类是股改限售股，另一类是新股限售股。**

企业减持解禁后上市公司限售股的，应当计算减持的投资收益并通常按照 25% 的税率缴纳企业所得税。

《财政部、国家税务总局、证监会关于个人转让上市公司限售股所得征收个人所得税有关问题的通知》（财税〔2009〕167 号）规定："自 2010 年 1 月 1 日起，对个人转让限售股取得的所得，按照财产转让所得，适用 20% 的比例税率征收个人所得税。"根据这一规定，从 2010 年 1 月 1 日起，个人转让上市公司限售股取得的收入应当缴纳个人所得税。因此，无论是企业股东还是个人股东，减持上市公司解禁后限售股的，均须依照相关税收规定申报缴纳所得税。

基于限售股特殊的流通属性，减持解禁后限售股往往意味着巨额资金的套现，必然伴随着高额的所得税税负。因此，笔者整理归纳了实务中上市公司的限售股股东可以采取的一些合法、合理的税务方案，在实现减持套现目的的同时可以在一定程度上降低所得税税负。

一、自然人股东减持的税务筹划

方案一：洗股

个人转让解禁后限售股是指个人持有的限售股在解禁后的第一次转让。该次转让完成后，被转让股份的性质转化为普通股，受让方如果是个人并且再行转让的，免缴个人所得税。因此，自然人股东可以在其持有的限售股解禁后通过大宗交易方式将限售股以较低的价格协议转让给自己的亲属，从而实现“洗股”的目的。限售股的性质转化为普通股后，再由受让方进行减持套现，从而实现套现与节税的目的。

方案二：解禁后高比例送、转股

根据国家税务总局的相关规定，上市公司在限售期内基于限售股而进行送、转股所形成的股票同样视为限售股；解禁后对送、转股的转让环节仍须缴纳个人所得税。但上市公司在解禁后进行送、转股所形成的股票不属于限售股，个人在转让时免缴个人所得税。因此，自然人股东可以要求上市公司在限售股解禁后实施高比例送、转股，转让这部分股票无须缴纳个人所得税。

方案三：适用 15% 的成本核定率

个人转让解禁后限售股的应纳税所得额是转让收入减去取得成本，如果个人无法提供成本凭证的，那么税务机关应当核定其成本为收入的 15%。因此，如果个人取得限售股的成本低于转让收入的 15%，那么可以考虑适用成本核定的方法实现节税。

方案四：变更减持地

根据国家税务总局的相关规定，减持解禁后限售股产生的个人所得税由证券机构所在地的主管税务机关负责征收管理；转让方为纳税义务人，转让方开户的证券机构为扣缴义务人。

因此，个人股东通过变更证券开户地，实现减持地的变更，实质上变更了纳税义务所在地；并且变更到宿迁、宁波、天津、西藏、新疆等财政奖励力度极大的地区进行减持，从而在经济效果上达到节税的目的。

二、企业股东减持的税务筹划

上市公司的企业股东减持限售股的税务筹划以降低企业减持环节的企业

所得税为目的。有些企业股东的背后仍然是自然人股东，因此，有些减持筹划的最终目的仍然指向服务于自然人股东。

方案一：向个人协议转让

企业转让解禁后限售股的所得税税率通常为 25%，向其自然人股东分派红利时还需要缴纳 20% 的个人所得税，整体税负为 45%。因此，企业股东可以在限售股解禁前通过大宗交易方式以较低的价格将所持有的限售股协议转让给其自然人股东。待解禁后，直接由自然人股东通过上述自然人减持筹划方案实施减持，从而降低整体税负。

方案二：变更减持地

2011 年 11 月 26 日，远光软件发布公告，称其股东珠海市东区荣光科技有限公司（以下简称“荣光公司”）的注册地址已迁至西藏墨脱县城；住所由珠海市变更为西藏墨脱县城，企业名称变更为林芝地区荣光科技有限公司。荣光公司是远光软件的一大股东，持有远光软件大量的限售股。荣光公司通过变更自身的企业住所，目的是为限售股解禁后的减持作准备。根据藏国税函〔2008〕123 号文，对新办的独立核算的从事咨询业、信息业、技术服务业的企业或经营单位，自开业之日起，免征企业所得税两年。

（1）实现路径一：新设公司。上市公司的限售股股东可以在西藏、新疆等低税负地区设立投资公司，再通过换股、并购重组、协议转让等资本运作方式将其持有的限售股以较低的税负成本向外剥离；最终在低税负地区通过新设的投资公司实现减持，并且能够避免巨额企业所得税税负。减持形成的利润可以留在低税负地区，也可以通过资本运作的方式往回转移。

（2）实现路径二：变更企业注册地址。上市公司的限售股股东可以直接变更自身的注册地址，实现向境内低税负地区的迁移。企业实现迁移的主要措施是变更注册地址，本质上是变更工商登记、税务登记以及其他诸如社保登记等事项。

（3）实现路径三：并购重组。并购重组是指企业通过采取合并、重组等资本运作方式实现目标企业向境内低税负地区转移的方法。

第四章

答疑篇

问题 1：个税记录证明有什么用

用途❶

【购房资格】有连续的个税记录才能申请买房

目前国内多个城市限购升级，非本市户籍人口购房需要连续 1 年、2 年、3 年、5 年的个税缴纳记录或社保缴纳记录，如北京、郑州、西安、杭州、福州、珠海、佛山、长沙、霸州、句容等城市，限购城市的范围仍在扩大。

用途❷

【购车资格】有连续的个税记录才能摇号买车

北京市小客车现行摇号规则规定：非京籍人员参与摇号需要满足持有本市有效暂住证且近五年（含）连续在本市缴纳社会保险和个人所得税。

用途❸

【申请房贷】申请贷款时可证明你的收入情况

个人在办理贷款时，银行要求提供个人收入证明，个人所得税完税证明虽然不作为硬性规定，但作为收入证明的佐证，能提供纳税人的收入状况，也是有无还款实力的判断依据。

个人在办理除房贷外的其他贷款时，银行也是依据个人收入证明来判断你的还款能力的。

用途❹

【离婚分财产】避免对方少报收入

在离婚案件中，一些离婚的夫妻隐瞒自己的收入或财产，如果知晓对方的个税缴纳记录并能提供个税证明，可以作为对方曾经有过的资产收入的依据。

离婚后涉及的子女抚养费一般是按固定月收入的某个比例支付。如果有个税证明，对方想隐瞒自己的收入少付抚养费，就不能实现。

用途❺

【出国签证】通过个税证明判断财力

办理出国签证时，无论是使馆签还是落地签，不同的国家对不同身份的申请担保人有不同的要求，有时要求提供个人的完税证明，以此证明这个人的合法收入和收入水平。如果想出国留学的话，那么提供完税证明会比较容易通过。

用途❻

【事故理赔】便于计算误工费

出了交通事故等事件后，有时会发生赔付误工费，在办理赔付手续时，如果能提供个人完税证明，那么薪酬是很容易推算的。

个税证明的其他用途：

用途❼【个人财产对外转移】

用途❽【财产公证】

用途❾【应聘就职】

用途❿【司法诉讼】

用途⓫【信用评价】

问题 2：新个税法实施后，能省多少钱

表 4-1　新个税法实施后节约的费用

扣除三险一金后月收入	年收入	以前每月缴税	现在每月缴税	每月省	一年省
≤ 3 500	≤ 42 000	0	0	0	0
3 600	43 200	3	0	3	36
3 700	44 400	6	0	6	72
3 800	45 600	9	0	9	108
3 900	46 800	12	0	12	144
4 000	48 000	15	0	15	180
4 100	49 200	18	0	18	216
4 200	50 400	21	0	21	252
4 300	51 600	24	0	24	288
4 400	52 800	27	0	27	324
4 500	54 000	30	0	30	360
4 600	55 200	33	0	33	396
4 700	56 400	36	0	36	432
4 800	57 600	39	0	39	468
4 900	58 800	42	0	42	504
5 000	60 000	45	0	45	540
5 100	61 200	55	3	52	624
5 200	62 400	65	6	59	708
5 300	63 600	75	9	66	792
5 400	64 800	85	12	73	876
5 500	66 000	95	15	80	960
5 600	67 200	105	18	87	1 044
5 700	68 400	115	21	94	1 128
5 800	69 600	125	24	101	1 212
5 900	70 800	135	27	108	1 296
6 000	72 000	145	30	115	1 380

（续表）

扣除三险一金后月收入	年收入	以前每月缴税	现在每月缴税	每月省	一年省
6 100	73 200	155	33	122	1 464
6 200	74 400	165	36	129	1 548
6 300	75 600	175	39	136	1 632
6 400	76 800	185	42	143	1 716
6 500	78 000	195	45	150	1 800
6 600	79 200	205	48	157	1 884
6 700	80 400	215	51	164	1 968
6 800	81 600	225	54	171	2 052
6 900	82 800	235	57	178	2 136
7 000	84 000	245	60	185	2 220
7 100	85 200	255	63	192	2 304
7 200	86 400	265	66	199	2 388
7 300	87 600	275	69	206	2 472
7 400	88 800	285	72	213	2 556
7 500	90 000	295	75	220	2 640
7 600	91 200	305	78	227	2 724
7 700	92 400	315	81	234	2 808
7 800	93 600	325	84	241	2 892
7 900	94 800	335	87	248	2 976
8 000	96 000	345	90	255	3 060
8 100	97 200	365	100	265	3 180
8 200	98 400	385	110	275	3 300
8 300	99 600	405	120	285	3 420
8 400	100 800	425	130	295	3 540
8 500	102 000	445	140	305	3 660
8 600	103 200	465	150	315	3 780
8 700	104 400	485	160	325	3 900
8 800	105 600	505	170	335	4 020
8 900	106 800	525	180	345	4 140
9 000	108 000	545	190	355	4 260

（续表）

扣除三险一金后月收入	年收入	以前每月缴税	现在每月缴税	每月省	一年省
9 100	109 200	565	200	365	4 380
9 200	110 400	585	210	375	4 500
9 300	111 600	605	220	385	4 620
9 400	112 800	625	230	395	4 740
9 500	114 000	645	240	405	4 860
9 600	115 200	665	250	415	4 980
9 700	116 400	685	260	425	5 100
9 800	117 600	705	270	435	5 220
9 900	118 800	725	280	445	5 340
10 000	120 000	745	290	455	5 460
11 000	132 000	945	390	555	6 660
12 000	144 000	1 145	490	655	7 860
13 000	156 000	1 370	590	780	9 360
14 000	168 000	1 620	690	930	11 160
15 000	180 000	1 870	790	1 080	12 960
16 000	192 000	2 120	890	1 230	14 760
17 000	204 000	2 370	990	1 380	16 560
18 000	216 000	2 620	1 190	1 430	17 160
19 000	228 000	2 870	1 390	1 480	17 760
20 000	240 000	3 120	1 590	1 530	18 360
21 000	252 000	3 370	1 790	1 580	18 960
22 000	264 000	3 620	1 990	1 630	19 560
23 000	276 000	3 870	2 190	1 680	20 160
24 000	288 000	4 120	2 390	1 730	20 760
25 000	300 000	4 370	2 590	1 780	21 360
26 000	312 000	4 620	2 790	1 830	21 960
27 000	324 000	4 870	2 990	1 880	22 560
28 000	336 000	5 120	3 190	1 930	23 160
29 000	348 000	5 370	3 390	1 980	23 760
30 000	360 000	5 620	3 590	2 030	24 360

（续表）

扣除三险一金后月收入	年收入	以前每月缴税	现在每月缴税	每月省	一年省
35 000	420 000	6 870	4 840	2 030	24 360
40 000	480 000	8 195	6 090	2 105	25 260
45 000	540 000	9 695	7 590	2 105	25 260
50 000	600 000	11 195	9 090	2 105	25 260
55 000	660 000	12 695	10 590	2 105	25 260
60 000	720 000	14 270	12 090	2 180	26 160
65 000	780 000	16 020	13 840	2 180	26 160
70 000	840 000	17 770	15 590	2 180	26 160
75 000	900 000	19 520	17 340	2 180	26 160
80 000	960 000	21 270	19 090	2 180	26 160
85 000	1 020 000	23 170	20 840	2 330	27 960
90 000	1 080 000	25 420	23 090	2 330	27 960
95 000	1 140 000	27 670	25 340	2 330	27 960
100 000	1 200 000	29 920	27 590	2 330	27 960

此计算表只计算居民工资、薪金所得，不计算经营、利息、股息、红利、财产租赁、财产转让、偶然所得。2019 年起，劳务报酬、稿酬、特许权使用费将合并计算个人所得税。

2019 年起，教育、医疗、住房和养老等支出还能税前扣除，个人缴纳的税将更少。

问题3：新个税下合理纳税有什么妙招

1. 公积金

根据新个税法的有关规定，工薪阶层个人每月所缴纳的住房公积金是从税前扣除的，也就是说，按标准缴纳的住房公积金是不用纳税的。同时，职工可以缴纳补充公积金。

2. 捐赠

个人将其所得通过中国境内的社会团体、国家机关向教育和其他社会公益事业以及遭受严重自然灾害地区、贫困地区的捐赠，金额未超过纳税人申报的应纳税所得额30%的部分，可以从其应纳税所得额中扣除。

3. 理财产品

金融市场上不断推出新的理财产品。其中很多理财产品不仅收益比储蓄高，而且不用纳税，比如基金、国债、保险、教育储蓄等。

4. 时间差

个人投资者买卖股票或基金获得的差价收入，按照现行税收规定均暂不征收个人所得税，这是目前对个人财产转让所得中较少的几种暂免征收个人所得税的项目之一。

5. 税收优惠政策

政府为了扶持某些特定地区、行业、企业和业务的发展，或者对某些具有实际困难的纳税人给予照顾，通过一些制度上的安排，给予某些特定纳税人以特殊的税收政策。

6. 发票

我国税法规定：凡是以现金形式发放通信补贴、交通费补贴、误餐补贴的，视为工资、薪金所得，计入计税基础，计算缴纳个人所得税。凡是根据经济业务发生实质并取得合法发票实报实销的，属于企业正常经营费用，无须缴纳个人所得税。

7. 年终奖金

我国税法规定：实行年薪制和绩效工资的单位，个人取得年终兑现的年薪和绩效工资按纳税人取得的全年一次性奖金，单独作为一个月工资、薪金所得计算纳税。纳税人可要求单位发放年终奖金。注意在一个纳税年度内，对每一个纳税人而言，该计税办法只允许采用一次。

8. 公共福利支出

企业可以采用非货币支付的办法提高职工公共福利支出。企业可以替员工个人支付的支出，作为费用减少企业所得税应纳税所得额，同时，员工在实际工资水平未下降的情况下，减少了部分应由个人负担的税款，可谓企业个人双受益。

9. 级差利润最大化

劳务报酬所得、稿酬所得、特许权使用费所得以收入减除费用后的余额为收入额。其中，稿酬所得的收入额减按 70% 计算。

减除费用：劳务报酬所得、稿酬所得、特许权使用费所得每次收入不超过 4 000 元的，减除费用按 800 元计算；每次收入 4 000 元以上的，减除费用按 20% 计算。

应纳税所得额：劳务报酬所得、稿酬所得、特许权使用费所得，以每次收入额为预扣预缴应纳税所得额。劳务报酬所得适用 20% 至 40% 的超额累进预扣率（见附件 2《个人所得税预扣率表二》），稿酬所得、特许权使用费所得适用 20% 的比例预扣率。

劳务报酬所得应预扣预缴税额 = 预扣预缴应纳税所得额 × 预扣率 − 速算扣除数

稿酬所得、特许权使用费所得应预扣预缴税额 = 预扣预缴应纳税所得额 ×20%

问题 4：新政策下的企业经营有哪些税务优惠政策

1. 国家对高新技术企业的优惠政策

（1）企业的研发费用可以按 175% 进行企业所得税的税前扣除；

（2）申请成为“高新技术企业”，可以少缴 10% 的企业所得税，按照利润的 15% 缴纳（非高新技术企业需要缴纳 25% 的企业所得税）。

2. 小型微利企业的税收优惠政策

对年应纳税所得额低于 20 万元（含 20 万元）的小型微利企业，其所得减按 50% 计入应纳税所得额，按 20% 的税率缴纳企业所得税；

对年应纳税所得额在 20 万元到 30 万元（含 30 万元）之间的小型微利企业，其所得减按 50% 计入应纳税所得额，按 20% 的税率缴纳企业所得税；

小规模纳税人企业的月销售额不超过 3 万元（按季纳税 9 万元）的，可享受小微企业暂免征收增值税优惠政策。

3. 年终奖缴税的优惠政策

年终奖的准确叫法是“全年一次性奖金”，年终奖个税计税方法是一种比较优惠的算法，是全年仅有的一次可以除以 12 计算合适税率的税收优惠。

企业要利用好“全年一次性奖金”的税收优惠政策，减轻税负，还需要注意以下事项：

（1）纳税人取得全年一次性奖金，单独作为一个月工资、薪金所得计算纳税。在一个纳税年度内，对每一个纳税人，该计税办法只允许采用一次。

（2）纳税人取得除全年一次性奖金以外的其他各种名目奖金，如半年奖、季度奖、加班奖、先进奖、考勤奖等，一律与当月工资、薪金收入合并，按税法规定缴纳个人所得税。

（3）由于个人所得税的法定纳税主体是个人，企业为员工承担的个人所得税不能税前扣除，在年度汇算清缴时，企业应进行纳税调整，调增应纳税所得额。

问题 5：有哪些企业容易忽视而导致多缴税的情况

1. 没有生意也要进行零申报

根据相关法律法规，营业执照批下来后，企业每个月都必须向税务局申报企业的经营情况。不管有没有赚钱，也不管有没有生意，每个月都要根据运营情况做账然后根据账本向税务局做税务的申报。

现在小规模企业一个季度的开票量不足 9 万元的，可以进行零申报。零申报办理也比较简单。如果不办理，那么企业将会面临 2 000 元的罚款。

需要注意的是，如果长期零申报，就可能会被税务机关纳入重点监控范围；如有不实情况，将会被税务机关依法查处。

2. 增值税税率与进项税的税率无关

行业性质决定了增值税税率，因此增值税税率与进项税的税率无关。

3. 合同作废也要记得纳税

企业在日常经营过程中，必然要与外界签订合同，如果中间发生意外，双方废止了合同，那么也是需要完成印花税缴纳义务的。

4. 不拿发票就要多缴税

税务机关实施“以票控税”，企业所有的支出都要取得合法凭证，否则不能税前列支。能够取得合法凭证（发票）成了企业节税的重要方法。

问题 6：创业者要知道哪些技巧

1. 将个人专利以技术入股的形式投入公司使用

如果企业老板或员工个人拥有专利并将其提供给公司使用，那么公司在对待个人的专利时，可以为其合理估价，并以有价入股的形式纳入公司使用，签订正式的合同。这样，专利就会成为公司的无形资产，会计人员可以采用合理摊销的方式，将其计入成本费用，从而减少利润，达到少缴税的目的。

2. 合理提高员工福利，摊销利润

中小企业主在生产经营过程中，可以在不超过计税工资的范畴内适当提高员工工资，例如：为员工办理医疗保险，建立职工基金（如养老基金、失业保险基金、教育基金等），增加企业财产保险和运输保险等。如此，不仅可以调动员工积极性，而且这些费用都可以列入企业的成本，从而摊销企业利润，减少税负。

3. 混合销售要依法而签，分别计税

一项销售行为如果涉及服务又涉及货物，就是混合销售。这里包含两个要素：一是必须是同一项销售行为，二是必须要涉及服务和货物，二者缺一不可。

4. 发票丢失，及时补救，仍能报销

我国实行以票控税，因为涉及税收，如果发票丢失想要重开一张是不太可能的。但是，没有了发票就不能凭票报销，公司也无法据以入账，该怎么办呢？

发票丢失不用慌张，可采取以下两种措施进行补救：

第一，从外单位取得的原始凭证如有遗失，应当取得原开出单位盖有公

章的证明，并注明原来凭证的号码、金额和内容等，由经办单位会计机构负责人、会计主管人员和单位领导人批准后，才能代作原始凭证。

第二，如果确实无法取得证明的，如火车、轮船、飞机票等凭证，由当事人写出详细情况，由经办单位会计机构负责人、会计主管人员和单位领导人批准后，代作原始凭证。

5. 公司费用与股东消费不能混杂在一起，要区分清楚

有些公司出资购买了房屋、汽车，却将权利人写成了股东，而不是付出资金的单位，而且该笔资金也没有在账面上列示股东的应收账款或其他应收款。这样做合理吗？

这是成本费用中公司费用与股东个人费用相混杂的事例。按照《个人所得税法》及国家税务总局的有关规定，上述事项视同为股东从公司分得了股利，必须代扣代缴个人所得税，相关费用不得计入公司成本费用，要在账面上列示股东的应收账款或其他应收款，导致给公司带来额外的税负。

问题 7：电子发票没有发票专用章怎么入账

根据《发票管理办法》第二十二条规定，开具发票应当按照规定的时限、顺序、栏目，全部联次一次性如实开具，并加盖发票专用章。根据规定，电子发票没有加盖发票专用章，这份发票属无效发票。公司应取得附有发票专用章的电子发票或者电子发票打印出来后由对方加盖发票专用章后，方能入账。

问题 8：外籍人员离境期间工资是否缴个税

例如，境外总部派遣员工到我公司工作，其工资由境外公司支付，我司再按照合同向境外公司支付代垫的工资。在缴纳个人所得税方面，境内公司是需要按次申报，还是无论当月有无人员入境都需要按月申报？若没有按时申报，需要承担怎样的税务风险？

在这种情况下，境外总部派遣境外人员入境提供服务，该外籍员工的实际工资薪金的承担者为境内公司，故该外籍个人取得的来源于境内的工资薪金，境内公司需要按月申报其个税。

另外，根据《中华人民共和国税收征收管理法》第三十二条规定："纳税人未按照规定期限缴纳税款的，扣缴义务人未按照规定期限解缴税款的，税务机关除责令限期缴纳外，从滞纳税款之日起，按日加收滞纳税款万分之五的滞纳金。"

问题9：外籍人士居住满五年应如何计算

如果外国人在华时间满四年，第五年连续离境30天（或累计离境90天），是否可以避免五年，并且此外国人入境时间归零重新计算？离境是指回母国，还是指离开中国就符合条件？

根据财税字〔1995〕第98号文件第一条规定："个人在中国境内居住满五年，是指个人在中国境内连续居住满五年，即在连续五年中的每一纳税年度内均居住满一年。"根据这条规定，问题描述中外籍员工在第五年连续离境超过30天（或累计离境超过90天），则第五年不满足居住满一年的规定，然后也不满足连续居住满五年的规定，需从居住不满一年的第二年开始重新计算是否满五年。

离境是指离开中国，不论外籍员工是去其他国家还是回自己的国家。

问题 10：转租房屋个税怎么交

将自己承租的房屋转租给第三方，这种行为是否需要缴纳个人所得税？应如何缴税呢？是按转租租金全额计税，还是按租金差价计税？

根据相关规定，个人将承租房屋转租取得的收入，与房东出租房屋一样，属于个人所得税应税所得，应按“财产租赁所得”项目计算缴纳个人所得税。

取得的转租收入，凭房屋租赁合同和合法支付凭据允许在计算个人所得税时，从该项转租收入中扣除。可以按租金差价计算缴纳个税，但前提是有房屋租赁合同和合法支付凭据。需要注意以下两点。

（1）个人出租房屋个税要区分住房和非住房适用不同税率。对个人按市场价格出租住房取得的所得按 10% 的税率征收个人所得税。对非住房依然适用 20% 的税率征收个税。

（2）转租房屋个税税前扣除次序：第一扣除财产租赁过程中缴纳的税费，包括增值税及附加、房产税；第二扣除向出租方支付的租金；第三扣除由个人负担的租赁财产实际开支的修缮费用，符合规定的修缮费每月最高可扣除 800 元，不足 800 元的按实际修缮费用扣除，超过 800 元的部分于次月按本原则继续抵扣，直至扣完为止。最后可以扣除规定的费用，扣除标准为：对月租金收入不超过 4 000 元的减除费用标准 800 元，4 000 元以上的减除费用标准 20% 后，余下的为应纳税所得额。

问题 11：自然人合伙人个税什么时候缴纳

合伙企业合伙人为自然人，产生所得的时候如何缴纳个税，是在产生所得还是在分配所得的时候缴纳？

根据财税〔2008〕159 号文件规定，合伙企业生产经营所得和其他所得采取“先分后税”的原则。文件所述“先分”，是指以合伙企业的生产经营所得和其他所得，按照合伙协议约定的分配比例确定应纳税所得额，即使合伙人个人还未实际收到所得分配，但是合伙企业已经确认了所得的情况下，要先按照约定的分配比例按月或按季预缴税款，年终汇算清缴的时候再多退少补。

问题 12：公司贷款给员工买房，有息和无息情况下的涉税和账务如何处理

1. 公司贷款给员工买房，收取利息的话，符合独立交易原则。税务上，应就收取的利息，按贷款服务缴纳 6% 的税率增值税和 25% 的企业所得税。账务上，借款计入“其他应收款”核算，收取的利息计入“其他业务收入”核算。有息借款需要企业与员工签订借款合同，约定还款日期和利率，以降低相应的税务风险。

2. 公司贷款给员工买房，不收取利息的话，根据财税〔2008〕83 号文件的相关规定，应按“工资薪金”依法计征个人所得税。

问题 13：成本分摊如何避免被认定为利润转移

例如：我司集团委派一名外籍人员负责管理北京和西安两地的项目，北京公司和西安公司是统一集团下的子公司，为关联关系。此外籍高管的工资及相关费用由北京公司负责发放，由于该外籍高管也负责西安公司运营，因此需要承担其部分成本。目前计划北京公司和西安公司签署费用分摊合同，约定北京公司据实核算外籍高管的成本，在其中 50% 的基础上增加 6% 的增值税，向西安公司开具发票，西安公司按照发票付款。那么这种安排在北京和西安税务局方面是否存在质疑？是否会被认为北京公司转移利润？如何向税务局澄清以避免关联公司交易所产生的质疑？

根据《国家税务总局关于规范成本分摊协议管理的公告》（国家税务总局公告 2015 年第 45 号）第一条规定："企业应自与关联方签订（变更）成本分摊协议之日起 30 日内，向主管税务机关报送成本分摊协议副本，并在年度企业所得税纳税申报时，附送《中华人民共和国企业年度关联业务往来报告表》。"因此，只要北京公司和西安公司签署的费用分摊合同符合独立交易原则和成本与收益相匹配原则并及时报送主管税务机关备案，相应的转移利润的税务风险将降低，同时建议公司将分摊协议提前和两地的主管税务机关提前沟通并备案。

需要说明的是，在实务中，通过成本分摊将外籍高管的费用收回的案例较少，更多的是通过服务费的方式收回，即在分摊成本基础上，加成一定比例，再向对方开票收回。

根据描述，应注意该外籍人员入境提供服务项目的时间，需要特别注意是否构成常设机构及其相关的对外付汇时的税务扣缴义务。

问题 14：会计如何做好合理纳税

企业会计可利用以下 6 项政策，进行合理纳税。

1. 自 2017 年 12 月 1 日至 2019 年 12 月 31 日，对金融机构向农户、小型企业、微型企业及个体工商户发放小额贷款取得的利息收入，免征增值税。金融机构应将相关免税证明材料留存备查，单独核算符合免税条件的小额贷款利息收入，按现行规定向主管税务机构办理纳税申报；未单独核算的，不得免征增值税。

2. 增值税小规模纳税人应分别核算销售货物或者加工、修理修配劳务的销售额和销售服务、无形资产的销售额。增值税小规模纳税人销售货物或者加工、修理修配劳务月销售额不超过 3 万元（按季纳税 9 万元），销售服务、无形资产月销售额不超过 3 万元（按季纳税 9 万元）的，自 2018 年 1 月 1 日起至 2020 年 12 月 31 日，可分别享受小微企业暂免征收增值税优惠政策。

3. 自 2016 年 2 月 1 日起，将免征教育费附加、地方教育附加、水利建设基金的范围，由现行按月纳税的月销售额或营业额不超过 3 万元（按季度纳税的季度销售额或营业额不超过 9 万元）的缴纳义务人，扩大到按月纳税的月销售额或营业额不超过 10 万元（按季度纳税的季度销售额或营业额不超过 30 万元）的缴纳义务人。

4. 自 2017 年 4 月 1 日起，扩大残疾人就业保障金免征范围。将残疾人就业保障金免征范围，由自工商注册登记之日起 3 年内，在职职工总数 20 人（含）以下小微企业，调整为在职职工总数 30 人（含）以下的企业。调整免征范围后，工商注册登记未满 3 年、在职职工总数 30 人（含）以下的企业，可在剩余时期内按规定免征残疾人就业保障金；自 2018 年 1 月 1 日至 2020 年 12 月 31 日，对金融机构与小型企业、微型企业签订的借款合同免征印花税。

5. 自 2018 年 1 月 1 日至 2020 年 12 月 31 日，将小型微利企业的年应纳税所得额上限由 50 万元提高至 100 万元，对年应纳税所得额低于 100 万元（含 100 万元）的小型微利企业，其所得减按 50% 计入应纳税所得额，按 20% 的税率缴纳企业所得税。

6. 从 2018 年 9 月 1 日至 2020 年 12 月 31 日，将符合条件的小微企业和个体工商户贷款利息收入免征增值税单户授信额度上限，由 100 万元提高到 500 万元。国家融资担保基金支持小微企业融资的担保金额占比不低于 80%，其中支持单户授信 500 万元及以下小微企业贷款及个体工商户、小微企业主经营性贷款的担保金额占比不低于 50%。

问题 15：为什么将基本减除费用提高到 5 000 元 / 月（6 万 / 年）

个人所得税法实施以来，基本减除费用标准一共经历了三次调整，第一次是在 2006 年，由 800 元 / 月提高至 1 600 元 / 月；第二次是在 2008 年，由 1 600 元 / 月提高至 2 000 元 / 月；第三次是在 2011 年，由 2 000 元 / 月提高至 3 500 元 / 月。此次修法，由 3 500 元 / 月提高至 5 000 元 / 月。

提高基本减除费用标准是此次修改的重要内容，最终将基本减除费用提高到 5 000 元 / 月，是基于以下考虑：

一是 5 000 元 / 月的基本减除费用是统筹考虑城镇居民人均基本消费支出、每个就业者平均负担的人数、居民消费价格指数等因素后综合确定的。根据国家统计局抽样调查数据测算，2017 年我国城镇居民人均负担的消费支出约为 3 900 元 / 月，按照近三年城镇居民消费支出年均增长率推算，2018 年人均负担的消费支出约为 4 200 元 / 月，基本减除费用标准确定为 5 000 元 / 月，不仅覆盖了人均消费支出，而且体现了一定的前瞻性；

二是此次修法除基本减除费用标准外，还新增了多项专项附加扣除，扩大了低档税率级距，广大纳税人都能够不同程度地享受到减税的红利，特别是中等收入以下收入群体获益更大。仅以基本减除费用提高到 5 000 元 / 月这一项因素来测算，个人所得税的纳税人占城镇就业人员的比例将由 44% 降至 15%。

参考文献

[1] 潘栋梁，于新茹 . 大数据时代下的财务管理分析［M］. 长春：东北师范大学出版社 .2017.

[2] 张瑞君 . 企业集团财务管控：［M］. 第四版 . 北京中国人民大学出版社 .2015.

[3] 李燕翔 . 500 强企业财务分析实物［M］. 北京：机械工业出版社 . 2018.

[4] 中国注册会计师协会 . 税法［M］. 北京：经济科学出版社 . 2010：509-512.

[5] 侯瑞山，王震 . 税法与纳税会计［M］. 北京：经济科学出版社 . 2008：410-417.

[6] 王伟 . 股票期权激励制度所涉个人所得税问题研究［D］. 厦门：厦门大学 . 2009.

[7] 张元 . 我国上市银行股票增值权实施效果研究［D］. 长沙：中南大学 . 2009.

[8] 陈春梅 . 我国股票期权的征税问题探讨［D］. 成都：西南财经大学 . 2006.

[9] 向伟 . 中国上市公司股权激励与盈余管理的关系研究［D］. 重庆：重庆大学 . 2009.

[10] 阮先桃，汤干湘 . 股票期权的企业所得税税务处理探讨［J］. 财税广角，2004,（23）：75-76.

[11] 谢太阳 . 股权激励中股份支付的企业所得税税前扣除问题之探讨［J］. 海峡科学，2011,（2）.

[12] 叶映红 . 三种股权激励方式的个人所得税负担测算［J］. 财会月刊（会计版），2011,（01）.

[13] 胡燕珊 . 高管股权激励如何税收筹划［J］. 上海国资，2009,（8）.

[14] 史成泽．股权激励中的个人股票期权收入纳税问题探析［J］．中国管理信息化，2009，(2)．

[15] 庄粉荣，徐辉．员工激励的税收筹划［J］．财会信报，2007.

[16] 陈丽花，黄应运．我国股票期权的税务处理［J］．财务会计综合版，2009，(10)：50.

[17] 张苒．转让上市公司限售股的纳税筹划［J］．财会月刊，2010，(13)：57.

[18] 徐国林，李伟毅．限售股的纳税筹划［J］．税收征纳，2010，(03)．

[19] 傅萍．转让上市公司限售股纳税政策若干问题的探讨［J］．商业会计，2010(07)．

[20] 罗维芬．股权交易涉税处理及若干问题的探讨［J］．财会学习，2009,(10)．

[21] 汪东．股票期权收入应如何缴纳个人所得税［J］．辽宁经济，2004，(06)．

[22] 赵民．上市公司十大激励模式［J］．新财富，2001，(1)．

[23] 郭平田．我国上市公司股权激励制度的个人所得税问题探析［J］．发展，2010，(03)：85-86.

[24] 曲云，王京龙．浅谈跨国个人的纳税筹划［J］．财会月刊（综合版），2005.

[25] 杨坤．外籍人员个人所得税税务筹划探讨［J］．税务筹划，2012，(1)．

[26] 王震．我国上市公司不同薪酬激励模式的税收筹划分析［Z］.2008-03-01.

[27] 肖太寿．公司高管所得税纳税技巧［Z］．2011-03-21.

[28] 张瞳．从税收公平原则论我国个人所得税法的完善［J］．天津：天津财经大学，2009，2：19-22.

[28] 李义．实现收入分配公平的税制改革［J］．税务研究，2010，5：30-32.

[30] 静雅婷．关于完善我国个人所得税的探析［J］．天津：天津财经学院，2005，1：13.

[31] 刘湘宁．论我国个人所得税法律制度的完善［J］．武汉：华中师范大学，2007，1：19.

[32] 于圆圆．论我国个人所得税法的不足及完善［J］．财务与会计研究，2008，

6：43-44.

［33］金晓通．综合所得税制是个人所得税制改革的最佳选择［J］．税务研究，2007，10：50-52.

［34］费凤霞．从富人逃税看个税流失的防范［J］．中国财政，2008，3：34-35.

［35］黄秀梅．个人所得税费用扣除全国统一存在的问题及对策［J］．会计之友，2007，8：46-49.

［36］汪昊，许军．美国个人所得税征管制度的特点［J］．涉外税务，2007，12：66-69.

［37］殷慧娟．我国个人所得税法律制度完善研究［J］．财务与会计研究，2008，8：20-25.

［38］颜向松．关于个人所得税税负不均的思考和研究［J］．管理论丛与教育专刊，2007，5：72-73.

［39］徐志宝．我国税负分析及税收政策取向研究［J］．会计研究，2008，10：87-89.

［40］王方东．论我国个人所得税法的完善［J］．会计之友，2009，6：46-49.

附录一
相关政策解析

附表 1　新旧《个人所得税法》对比表

《中华人民共和国个人所得税法》（2011） 中华人民共和国主席令第四十八号	《中华人民共和国个人所得税法》（2018 年 8 月 31 日第十三届全国人民代表大会常务委员会第五次会议通过） 中华人民共和国主席令第九号	修订情况
第一条　在中国境内有住所，或者无住所而在境内居住满一年的个人，从中国境内和境外取得的所得，依照本法规定缴纳个人所得税。 在中国境内无住所又不居住或者无住所而在境内居住不满一年的个人，从中国境内取得的所得，依照本法规定缴纳个人所得税	第一条　在中国境内有住所，或者无住所而一个纳税年度内在中国境内居住累计满 183 天的个人，为居民个人。居民个人从中国境内和境外取得的所得，依照本法规定缴纳个人所得税。 在中国境内无住所又不居住，或者无住所而一个纳税年度内在中国境内居住累计不满 183 天的个人，为非居民个人。非居民个人从中国境内取得的所得，依照本法规定缴纳个人所得税。 纳税年度，自公历 1 月 1 日起至 12 月 31 日止	居民个人和非居民个人 183 天的判定标准
第二条　下列各项个人所得，应纳个人所得税： 一、工资、薪金所得； 二、个体工商户的生产、经营所得； 三、对企事业单位的承包经营、承租经营所得； 四、劳务报酬所得； 五、稿酬所得； 六、特许权使用费所得； 七、利息、股息、红利所得； 八、财产租赁所得； 九、财产转让所得； 十、偶然所得； 十一、经国务院财政部门确定征税的其他所得	第二条　下列各项个人所得，应当缴纳个人所得税： （一）工资、薪金所得； （二）劳务报酬所得； （三）稿酬所得； （四）特许权使用费所得； （五）经营所得； （六）利息、股息、红利所得； （七）财产租赁所得； （八）财产转让所得； （九）偶然所得	1. 将第二条第二项、第三项合并，作为第五项，修改为：“（五）经营所得”。 2. 删除“其他所得”

（续表）

《中华人民共和国个人所得税法》（2011） 中华人民共和国主席令第四十八号	《中华人民共和国个人所得税法》（2018 年 8 月 31 日第十三届全国人民代表大会常务委员会第五次会议通过） 中华人民共和国主席令第九号	修订情况
	居民个人取得前款第一项至第四项所得（以下称综合所得），按纳税年度合并计算个人所得税；非居民个人取得前款第一项至第四项所得，按月或者按次分项计算个人所得税。纳税人取得前款第五项至第九项所得，依照本法规定分别计算个人所得税	新增内容
第三条　个人所得税的税率： 一、工资、薪金所得，适用超额累进税率，税率为 3% ～ 45%（税率表附后）。 二、个体工商户的生产、经营所得和对企事业单位的承包经营、承租经营所得，适用 5% ～ 35% 的超额累进税率（税率表附后）。 三、稿酬所得，适用比例税率，税率为 20%，并按应纳税额减征 30%。 四、劳务报酬所得，适用比例税率，税率为 20%。对劳务报酬所得一次收入畸高的，可以实行加成征收，具体办法由国务院规定。 五、特许权使用费所得，利息、股息、红利所得，财产租赁所得，财产转让所得，偶然所得和其他所得，适用比例税率，税率为 20%。	第三条　个人所得税的税率： （一）综合所得，适用 3% ～ 45% 的超额累进税率（税率表附后）； （二）经营所得，适用 5% ～ 35% 的超额累进税率（税率表附后）； （三）利息、股息、红利所得，财产租赁所得，财产转让所得和偶然所得，适用比例税率，税率为 20%	综合和分类所得后适用税率情况

（续表）

《中华人民共和国个人所得税法》（2011） 中华人民共和国主席令第四十八号	《中华人民共和国个人所得税法》（2018年8月31日第十三届全国人民代表大会常务委员会第五次会议通过） 中华人民共和国主席令第九号	修订情况
第四条　下列各项个人所得，免纳个人所得税： 一、省级人民政府、国务院部委和中国人民解放军军以上单位，以及外国组织、国际组织颁发的科学、教育、技术、文化、卫生、体育、环境保护等方面的奖金； 二、国债和国家发行的金融债券利息； 三、按照国家统一规定发给的补贴、津贴； 四、福利费、抚恤金、救济金； 五、保险赔款； 六、军人的转业费、复员费； 七、按照国家统一规定发给干部、职工的安家费、退职费、退休工资、离休工资、离休生活补助费； 八、依照我国有关法律规定应予免税的各国驻华使馆、领事馆的外交代表、领事官员和其他人员的所得； 九、中国政府参加的国际公约、签订的协议中规定免税的所得； 十、经国务院财政部门批准免税的所得	第四条　下列各项个人所得，免征个人所得税： （一）省级人民政府、国务院部委和中国人民解放军军以上单位，以及外国组织、国际组织颁发的科学、教育、技术、文化、卫生、体育、环境保护等方面的奖金； （二）国债和国家发行的金融债券利息； （三）按照国家统一规定发给的补贴、津贴； （四）福利费、抚恤金、救济金； （五）保险赔款； （六）军人的转业费、复员费、退役金； （七）按照国家统一规定发给干部、职工的安家费、退职费、基本养老金或者退休费、离休费、离休生活补助费； （八）依照有关法律规定应予免税的各国驻华使馆、领事馆的外交代表、领事官员和其他人员的所得； （九）中国政府参加的国际公约、签订的协议中规定免税的所得； （十）国务院规定的其他免税所得。 前款第十项免税规定，由国务院报全国人民代表大会常务委员会备案	
第五条　有下列情形之一的，经批准可以减征个人所得税： 一、残疾、孤老人员和烈属的所得； 二、因严重自然灾害造成重大损失的； 三、其他经国务院财政部门批准减税的	第五条　有下列情形之一的，可以减征个人所得税，具体幅度和期限，由省、自治区、直辖市人民政府规定，并报同级人民代表大会常务委员会备案： （一）残疾、孤老人员和烈属的所得； （二）因自然灾害遭受重大损失的。 国务院可以规定其他减税情形，报全国人民代表大会常务委员会备案	

(续表)

《中华人民共和国个人所得税法》(2011) 中华人民共和国主席令第四十八号	《中华人民共和国个人所得税法》(2018年8月31日第十三届全国人民代表大会常务委员会第五次会议通过) 中华人民共和国主席令第九号	修订情况
第六条　应纳税所得额的计算: 一、工资、薪金所得，以每月收入额减除费用3 500元后的余额，为应纳税所得额。 二、个体工商户的生产、经营所得，以每一纳税年度的收入总额减除成本、费用以及损失后的余额，为应纳税所得额。 三、对企事业单位的承包经营、承租经营所得，以每一纳税年度的收入总额，减除必要费用后的余额，为应纳税所得额。 四、劳务报酬所得、稿酬所得、特许权使用费所得、财产租赁所得，每次收入不超过4 000元的，减除费用800元；4 000元以上的，减除20%的费用，其余额为应纳税所得额。 五、财产转让所得，以转让财产的收入额减除财产原值和合理费用后的余额，为应纳税所得额。 六、利息、股息、红利所得，偶然所得和其他所得，以每次收入额为应纳税所得额。 个人将其所得对教育事业和其他公益事业捐赠的部分，按照国务院有关规定从应纳税所得中扣除。 对在中国境内无住所而在中国境内取得工资、薪金所得的纳税义务人和在中国境内有住所而在中国境外取得工资、薪金所得的纳税义务人，可以根据其平均收入水平、生活水平以及汇率变化情况确定附加减除费用，附加减除费用适用的范围和标准由国务院规定	第六条　应纳税所得额的计算: (一)居民个人的综合所得，以每一纳税年度的收入额减除费用6万元以及专项扣除、专项附加扣除和依法确定的其他扣除后的余额，为应纳税所得额。 (二)非居民个人的工资、薪金所得，以每月收入额减除费用5 000元后的余额为应纳税所得额；劳务报酬所得、稿酬所得、特许权使用费所得，以每次收入额为应纳税所得额。 (三)经营所得，以每一纳税年度的收入总额减除成本、费用以及损失后的余额，为应纳税所得额。 (四)财产租赁所得，每次收入不超过4 000元的，减除费用800元；4 000元以上的，减除20%的费用，其余额为应纳税所得额。 (五)财产转让所得，以转让财产的收入额减除财产原值和合理费用后的余额，为应纳税所得额。 (六)利息、股息、红利所得和偶然所得，以每次收入额为应纳税所得额。 劳务报酬所得、稿酬所得、特许权使用费所得以收入减除20%的费用后的余额为收入额。稿酬所得的收入额减按70%计算。 个人将其所得对教育、扶贫、济困等公益慈善事业进行捐赠，捐赠额未超过纳税人申报的应纳税所得额30%的部分，可以从其应纳税所得额中扣除；国务院规定对公益慈善事业捐赠实行全额税前扣除的，从其规定。 本条第一款第一项规定的专项扣除，包括居民个人按照国家规定的范围和标准缴纳的基本养老保险、基本医疗保险、失业保险等社会保险费和住房公积金等；专项附加扣除，包括子女教育、继续教育、大病医疗、住房贷款利息或者住房租金、赡养老人等支出，具体范围、标准和实施步骤由国务院确定，并报全国人民代表大会常务委员会备案	1. 新增劳务报酬所得、稿酬所得、特许权使用费所得以收入减除20%的费用后的余额为收入额。 2. 新增赡养老人支出为专项附加扣除。 3. 新增专项附加扣除的具体范围、标准和实施步骤由国务院确定，要报全国人民代表大会常务委员会备案

（续表）

《中华人民共和国个人所得税法》(2011) 中华人民共和国主席令第四十八号	《中华人民共和国个人所得税法》(2018年8月31日第十三届全国人民代表大会常务委员会第五次会议通过) 中华人民共和国主席令第九号	修订情况
第七条　纳税义务人从中国境外取得的所得，准予其在应纳税额中扣除已在境外缴纳的个人所得税税额。但扣除额不得超过该纳税义务人境外所得依照本法规定计算的应纳税额	第七条　居民个人从中国境外取得的所得，可以从其应纳税额中抵免已在境外缴纳的个人所得税税额，但抵免额不得超过该纳税人境外所得依照本法规定计算的应纳税额	抵免额更加准确，而且与企业所得税法保存一致
	第八条　有下列情形之一的，税务机关有权按照合理方法进行纳税调整： （一）个人与其关联方之间的业务往来不符合独立交易原则而减少本人或者其关联方应纳税额，且无正当理由； （二）居民个人控制的，或者居民个人和居民企业共同控制的设立在实际税负明显偏低的国家（地区）的企业，无合理经营需要，对应当归属于居民个人的利润不作分配或者减少分配； （三）个人实施其他不具有合理商业目的的安排而获取不当税收利益。 税务机关依照前款规定作出纳税调整，需要补征税款的，应当补征税款，并依法加收利息	新增内容
第八条　个人所得税，以所得人为纳税义务人，以支付所得的单位或者个人为扣缴义务人。个人所得超过国务院规定数额的，在两处以上取得工资、薪金所得或者没有扣缴义务人的，以及具有国务院规定的其他情形的，纳税义务人应当按照国家规定办理纳税申报。扣缴义务人应当按照国家规定办理全员全额扣缴申报	第九条　个人所得税以所得人为纳税人，以支付所得的单位或者个人为扣缴义务人。 纳税人有中国公民身份号码的，以中国公民身份号码为纳税人识别号；纳税人没有中国公民身份号码的，由税务机关赋予其纳税人识别号。扣缴义务人扣缴税款时，纳税人应当向扣缴义务人提供纳税人识别号	

（续表）

《中华人民共和国个人所得税法》（2011） 中华人民共和国主席令第四十八号	《中华人民共和国个人所得税法》（2018年8月31日第十三届全国人民代表大会常务委员会第五次会议通过） 中华人民共和国主席令第九号	修订情况
	第十条　有下列情形之一的，纳税人应当依法办理纳税申报： （一）取得综合所得需要办理汇算清缴； （二）取得应税所得没有扣缴义务人； （三）取得应税所得，扣缴义务人未扣缴税款； （四）取得境外所得； （五）因移居境外注销中国户籍； （六）非居民个人在中国境内从两处以上取得工资、薪金所得； （七）国务院规定的其他情形。 扣缴义务人应当按照国家规定办理全员全额扣缴申报，并向纳税人提供其个人所得和已扣缴税款等信息	新增内容
	第十一条　居民个人取得综合所得，按年计算个人所得税；有扣缴义务人的，由扣缴义务人按月或者按次预扣预缴税款；需要办理汇算清缴的，应当在取得所得的次年3月1日至6月30日内办理汇算清缴。预扣预缴办法由国务院税务主管部门制定。 居民个人向扣缴义务人提供专项附加扣除信息的，扣缴义务人按月预扣预缴税款时应当按照规定予以扣除，不得拒绝。 非居民个人取得工资、薪金所得，劳务报酬所得，稿酬所得和特许权使用费所得，有扣缴义务人的，由扣缴义务人按月或者按次代扣代缴税款，不办理汇算清缴	新增内容
	第十二条　纳税人取得经营所得，按年计算个人所得税，由纳税人在月度或者季度终了后15日内向税务机关报送纳税申报表，并预缴税款；在取得所得的次年3月31日前办理汇算清缴。 纳税人取得利息、股息、红利所得，财产租赁所得，财产转让所得和偶然所得，按月或者按次计算个人所得税，有扣缴义务人的，由扣缴义务人按月或者按次代扣代缴税款	新增内容

（续表）

《中华人民共和国个人所得税法》（2011） 中华人民共和国主席令第四十八号	《中华人民共和国个人所得税法》（2018 年 8 月 31 日第十三届全国人民代表大会常务委员会第五次会议通过） 中华人民共和国主席令第九号	修订情况
第九条　扣缴义务人每月所扣的税款，自行申报纳税人每月应纳的税款，都应当在次月 15 日内缴入国库，并向税务机关报送纳税申报表。 工资、薪金所得应纳的税款，按月计征，由扣缴义务人或者纳税义务人在次月 15 日内缴入国库，并向税务机关报送纳税申报表。特定行业的工资、薪金所得应纳的税款，可以实行按年计算、分月预缴的方式计征，具体办法由国务院规定。 个体工商户的生产、经营所得应纳的税款，按年计算，分月预缴，由纳税义务人在次月 15 日内预缴，年度终了后 3 个月内汇算清缴，多退少补。 对企事业单位的承包经营、承租经营所得应纳的税款，按年计算，由纳税义务人在年度终了后 30 日内缴入国库，并向税务机关报送纳税申报表。纳税义务人在一年内分次取得承包经营、承租经营所得的，应当在取得每次所得后的 15 日内预缴，年度终了后 3 个月内汇算清缴，多退少补。 从中国境外取得所得的纳税义务人，应当在年度终了后 30 日内，将应纳的税款缴入国库，并向税务机关报送纳税申报表	第十三条　纳税人取得应税所得没有扣缴义务人的，应当在取得所得的次月 15 日内向税务机关报送纳税申报表，并缴纳税款。 纳税人取得应税所得，扣缴义务人未扣缴税款的，纳税人应当在取得所得的次年 6 月 30 日前，缴纳税款；税务机关通知限期缴纳的，纳税人应当按照期限缴纳税款。 居民个人从中国境外取得所得的，应当在取得所得的次年 3 月 1 日至 6 月 30 日内申报纳税。 非居民个人在中国境内从两处以上取得工资、薪金所得的，应当在取得所得的次月 15 日内申报纳税。 纳税人因移居境外注销中国户籍的，应当在注销中国户籍前办理税款清算	关注离境清税

（续表）

《中华人民共和国个人所得税法》（2011） 中华人民共和国主席令第四十八号	《中华人民共和国个人所得税法》（2018年8月31日第十三届全国人民代表大会常务委员会第五次会议通过） 中华人民共和国主席令第九号	修订情况
	第十四条　扣缴义务人每月或者每次预扣、代扣的税款，应当在次月15日内缴入国库，并向税务机关报送扣缴个人所得税申报表。 纳税人办理汇算清缴退税或者扣缴义务人为纳税人办理汇算清缴退税的，税务机关审核后，按照国库管理的有关规定办理退税	新增内容
	第十五条　公安、人民银行、金融监督管理等相关部门应当协助税务机关确认纳税人的身份、金融账户信息。教育、卫生、医疗保障、民政、人力资源社会保障、住房城乡建设、公安、人民银行、金融监督管理等相关部门应当向税务机关提供纳税人子女教育、继续教育、大病医疗、住房贷款利息、住房租金、赡养老人等专项附加扣除信息。 个人转让不动产的，税务机关应当根据不动产登记等相关信息核验应缴的个人所得税，登记机构办理转移登记时，应当查验与该不动产转让相关的个人所得税的完税凭证。个人转让股权办理变更登记的，市场主体登记机关应当查验与该股权交易相关的个人所得税的完税凭证。 有关部门依法将纳税人、扣缴义务人遵守本法的情况纳入信用信息系统，并实施联合激励或者惩戒	新增内容
第十条　各项所得的计算，以人民币为单位。所得为外国货币的，按照国家外汇管理机关规定的外汇牌价折合成人民币缴纳税款	第十六条　各项所得的计算，以人民币为单位。所得为人民币以外的货币的，按照人民币汇率中间价折合成人民币缴纳税款	将该条中的“外国货币”修改为“人民币以外的货币”，“国家外汇管理机关规定的外汇牌价”修改为“人民币汇率中间价”

（续表）

《中华人民共和国个人所得税法》（2011） 中华人民共和国主席令第四十八号	《中华人民共和国个人所得税法》（2018 年 8 月 31 日第十三届全国人民代表大会常务委员会第五次会议通过） 中华人民共和国主席令第九号	修订情况
第十一条　对扣缴义务人按照所扣缴的税款，付给 2% 的手续费	第十七条　对扣缴义务人按照所扣缴的税款，付给 2% 的手续费	
第十二条　对储蓄存款利息所得开征、减征、停征个人所得税及其具体办法，由国务院规定	第十八条　对储蓄存款利息所得开征、减征、停征个人所得税及其具体办法，由国务院规定，并报全国人民代表大会常务委员会备案	增加“报全国人民代表大会常务委员会备案”
	第十九条　纳税人、扣缴义务人和税务机关及其工作人员违反本法规定的，依照《中华人民共和国税收征收管理法》和有关法律法规的规定追究法律责任	新增内容
第十三条　个人所得税的征收管理，依照《中华人民共和国税收征收管理法》的规定执行	第二十条　个人所得税的征收管理，依照本法和《中华人民共和国税收征收管理法》的规定执行	
第十四条　国务院根据本法制定实施条例	第二十一条　国务院根据本法制定实施条例	
第十五条　本法自公布之日起施行	第二十二条　本法自公布之日起施行。 本决定自 2019 年 1 月 1 日起施行。 自 2018 年 10 月 1 日至 2018 年 12 月 31 日，纳税人的工资、薪金所得，先行以每月收入额减除费用 5 000 元以及专项扣除和依法确定的其他扣除后的余额为应纳税所得额，依照本决定第十六条的个人所得税税率表一（综合所得适用）按月换算后计算缴纳税款，并不再扣除附加减除费用；个体工商户的生产、经营所得，对企事业单位的承包经营、承租经营所得，先行依照本决定第十七条的个人所得税税率表二（经营所得适用）计算缴纳税款	

附录二

国家税务总局公告（2018 年第 56 号）

国家税务总局公告

2018 年第 56 号

国家税务总局关于全面实施新个人所得税法若干征管衔接问题的公告

为贯彻落实新修改的《中华人民共和国个人所得税法》（以下简称“新个人所得税法”），现就全面实施新个人所得税法后，扣缴义务人对居民个人工资、薪金所得，劳务报酬所得，稿酬所得，特许权使用费所得预扣预缴个人所得税的计算方法，对非居民个人上述四项所得扣缴个人所得税的计算方法，公告如下：

一、居民个人预扣预缴方法

扣缴义务人向居民个人支付工资、薪金所得，劳务报酬所得，稿酬所得，特许权使用费所得时，按以下方法预扣预缴个人所得税，并向主管税务机关报送《个人所得税扣缴申报表》（见附件 1）。年度预扣预缴税额与年度应纳税额不一致的，由居民个人于次年 3 月 1 日至 6 月 30 日向主管税务机关办理综合所得年度汇算清缴，税款多退少补。

（一）扣缴义务人向居民个人支付工资、薪金所得时，应当按照累计预扣法计算预扣税款，并按月办理全员全额扣缴申报。具体计算公式如下：

本期应预扣预缴税额 =（累计预扣预缴应纳税所得额 × 预扣率 − 速算扣除数）− 累计减免税额 − 累计已预扣预缴税额

累计预扣预缴应纳税所得额 = 累计收入 − 累计免税收入 − 累计减除费用 − 累计专项扣除 − 累计专项附加扣除 − 累计依法确定的其他扣除

其中：累计减除费用，按照 5000 元 / 月乘以纳税人当年截至本月在本单位的任职受雇月份数计算。

上述公式中，计算居民个人工资、薪金所得预扣预缴税额的预扣率、速算扣除数，按《个人所得税预扣率表一》(见附件2)执行。

（二）扣缴义务人向居民个人支付劳务报酬所得、稿酬所得、特许权使用费所得，按次或者按月预扣预缴个人所得税。具体预扣预缴方法如下：

劳务报酬所得、稿酬所得、特许权使用费所得以收入减除费用后的余额为收入额。其中，稿酬所得的收入额减按百分之七十计算。

减除费用：劳务报酬所得、稿酬所得、特许权使用费所得每次收入不超过四千元的，减除费用按八百元计算；每次收入四千元以上的，减除费用按百分之二十计算。

应纳税所得额：劳务报酬所得、稿酬所得、特许权使用费所得，以每次收入额为预扣预缴应纳税所得额。劳务报酬所得适用百分之二十至百分之四十的超额累进预扣率（见附件2《个人所得税预扣率表二》)，稿酬所得、特许权使用费所得适用百分之二十的比例预扣率。

劳务报酬所得应预扣预缴税额＝预扣预缴应纳税所得额 × 预扣率－速算扣除数

稿酬所得、特许权使用费所得应预扣预缴税额＝预扣预缴应纳税所得额×20%

二、非居民个人扣缴方法

扣缴义务人向非居民个人支付工资、薪金所得，劳务报酬所得，稿酬所得和特许权使用费所得时，应当按以下方法按月或者按次代扣代缴个人所得税：

非居民个人的工资、薪金所得，以每月收入额减除费用五千元后的余额为应纳税所得额；劳务报酬所得、稿酬所得、特许权使用费所得，以每次收入额为应纳税所得额，适用按月换算后的非居民个人月度税率表（见附件2《个人所得税税率表三》)计算应纳税额。其中，劳务报酬所得、稿酬所得、特许权使用费所得以收入减除百分之二十的费用后的余额为收入额。稿酬所得的收入额减按百分之七十计算。

非居民个人工资、薪金所得，劳务报酬所得，稿酬所得，特许权使用费所得应纳税额＝应纳税所得额 × 税率－速算扣除数。

本公告自2019年1月1日起施行。

特此公告。

附件：1.《个人所得税扣缴申报表》及填表说明

2. 个人所得税税率表及预扣率表特许权使用费所得

国家税务总局

2018 年 12 月 19 日

分送：国家税务总局各省、自治区、直辖市和计划单列市税务局，国家税务总局驻各地特派员办事处，中央纪委国家监委驻国家税务总局纪检监察组办公室。

国家税务总局所得税司承办 办公厅 2018 年 12 月 19 日印发

附件 1

个人所得税扣缴申报表

税款所属期：____年__月__日至____年__月__日
扣缴义务人名称：
扣缴义务人纳税人识别号（统一社会信用代码）：□□□□□□□□□□□□□□□□□□
金额单位：人民币元（列至角分）

<table>
<tr><th rowspan="3">序号</th><th rowspan="3">姓名</th><th rowspan="3">身份证件类型</th><th rowspan="3">身份证件号码</th><th rowspan="3">纳税人识别号</th><th rowspan="3">是否为非居民个人</th><th rowspan="3">所得项目</th><th colspan="14">本月（次）情况</th><th colspan="9">累计情况（工资、薪金）</th><th rowspan="3">减按计税比例</th><th rowspan="3">准予扣除的捐赠额</th><th colspan="7">税款计算</th><th rowspan="3">备注</th></tr>
<tr><th colspan="3">收入额计算</th><th rowspan="2">减除费用</th><th colspan="4">专项扣除</th><th colspan="6">其他扣除</th><th rowspan="2">累计收入额</th><th rowspan="2">累计减除费用</th><th rowspan="2">累计专项扣除</th><th colspan="5">累计专项附加扣除</th><th rowspan="2">累计其他扣除</th><th rowspan="2">应纳税所得额</th><th rowspan="2">税率/预扣率</th><th rowspan="2">速算扣除数</th><th rowspan="2">应纳税额</th><th rowspan="2">减免税额</th><th rowspan="2">已扣缴税额</th><th rowspan="2">应补（退）税额</th></tr>
<tr><th>收入</th><th>费用</th><th>免税收入</th><th>基本养老保险费</th><th>基本医疗保险费</th><th>失业保险费</th><th>住房公积金</th><th>年金</th><th>商业健康保险</th><th>税延养老保险</th><th>财产原值</th><th>允许扣除的税费</th><th>其他</th><th>子女教育</th><th>赡养老人</th><th>住房贷款利息</th><th>住房租金</th><th>继续教育</th></tr>
<tr><td>1</td><td>2</td><td>3</td><td>4</td><td>5</td><td>6</td><td>7</td><td>8</td><td>9</td><td>10</td><td>11</td><td>12</td><td>13</td><td>14</td><td>15</td><td>16</td><td>17</td><td>18</td><td>19</td><td>20</td><td>21</td><td>22</td><td>23</td><td>24</td><td>25</td><td>26</td><td>27</td><td>28</td><td>29</td><td>30</td><td>31</td><td>32</td><td>33</td><td>34</td><td>35</td><td>36</td><td>37</td><td>38</td><td>39</td><td>40</td></tr>
<tr><td></td><td></td><td></td><td></td><td></td><td></td><td></td><td></td><td></td><td></td><td></td><td></td><td></td><td></td><td></td><td></td><td></td><td></td><td></td><td></td><td></td><td></td><td></td><td></td><td></td><td></td><td></td><td></td><td></td><td></td><td></td><td></td><td></td><td></td><td></td><td></td><td></td><td></td><td></td><td></td></tr>
<tr><td></td><td></td><td></td><td></td><td></td><td></td><td></td><td></td><td></td><td></td><td></td><td></td><td></td><td></td><td></td><td></td><td></td><td></td><td></td><td></td><td></td><td></td><td></td><td></td><td></td><td></td><td></td><td></td><td></td><td></td><td></td><td></td><td></td><td></td><td></td><td></td><td></td><td></td><td></td><td></td></tr>
<tr><td></td><td></td><td></td><td></td><td></td><td></td><td></td><td></td><td></td><td></td><td></td><td></td><td></td><td></td><td></td><td></td><td></td><td></td><td></td><td></td><td></td><td></td><td></td><td></td><td></td><td></td><td></td><td></td><td></td><td></td><td></td><td></td><td></td><td></td><td></td><td></td><td></td><td></td><td></td><td></td></tr>
<tr><td></td><td></td><td></td><td></td><td></td><td></td><td></td><td></td><td></td><td></td><td></td><td></td><td></td><td></td><td></td><td></td><td></td><td></td><td></td><td></td><td></td><td></td><td></td><td></td><td></td><td></td><td></td><td></td><td></td><td></td><td></td><td></td><td></td><td></td><td></td><td></td><td></td><td></td><td></td><td></td></tr>
<tr><td></td><td></td><td></td><td></td><td></td><td></td><td></td><td></td><td></td><td></td><td></td><td></td><td></td><td></td><td></td><td></td><td></td><td></td><td></td><td></td><td></td><td></td><td></td><td></td><td></td><td></td><td></td><td></td><td></td><td></td><td></td><td></td><td></td><td></td><td></td><td></td><td></td><td></td><td></td><td></td></tr>
<tr><td></td><td></td><td></td><td></td><td></td><td></td><td></td><td></td><td></td><td></td><td></td><td></td><td></td><td></td><td></td><td></td><td></td><td></td><td></td><td></td><td></td><td></td><td></td><td></td><td></td><td></td><td></td><td></td><td></td><td></td><td></td><td></td><td></td><td></td><td></td><td></td><td></td><td></td><td></td><td></td></tr>
<tr><td colspan="7">合 计</td><td></td><td></td><td></td><td></td><td></td><td></td><td></td><td></td><td></td><td></td><td></td><td></td><td></td><td></td><td></td><td></td><td></td><td></td><td></td><td></td><td></td><td></td><td></td><td></td><td></td><td></td><td></td><td></td><td></td><td></td><td></td><td></td><td></td></tr>
</table>

谨声明：本扣缴申报表是根据国家税收法律法规及相关规定填报的，是真实的、可靠的、完整的。

扣缴义务人（签章）：　　　　年　月　日

代理机构签章：	受理人：
代理机构统一社会信用代码：	受理税务机关（章）：
经办人签字：	受理日期：　年　月　日
经办人身份证件号码：	

国家税务总局监制

《个人所得税扣缴申报表》填表说明

一、适用范围

本表适用于扣缴义务人向居民个人支付工资、薪金所得，劳务报酬所得，稿酬所得和特许权使用费所得的个人所得税全员全额预扣预缴申报；向非居民个人支付工资、薪金所得，劳务报酬所得，稿酬所得和特许权使用费所得的个人所得税全员全额扣缴申报；以及向纳税人（居民个人和非居民个人）支付利息、股息、红利所得，财产租赁所得，财产转让所得和偶然所得的个人所得税全员全额扣缴申报。

二、申报期限

扣缴义务人应当在每月或者每次预扣、代扣税款的次月十五日内，将已扣税款缴入国库，并向税务机关报送本表。

三、各栏次填写说明

（一）表头项目

1．**“税款所属期”**：填写扣缴义务人代扣税款当月的第一日至最后一日。如：2019年3月20日发放工资时代扣的税款，税款所属期填写“2019年3月1日至2019年3月31日”。

2．**“扣缴义务人名称”**：填写扣缴义务人的法定名称全称。

3．**“扣缴义务人纳税人识别号（统一社会信用代码）”**：填写扣缴义务人的纳税人识别号或统一社会信用代码。

（二）表内各栏

1．**第2列“姓名”**：填写纳税人姓名。

2．**第3列“身份证件类型”**：填写纳税人有效的身份证件名称。中国公民有中华人民共和国居民身份证的，填写居民身份证；没有居民身份证的，填写港澳居民来往内地通行证或港澳居民居住证、台湾居民通行证或台湾居民居住证、外国人永久居留身份证、外国人工作许可证或护照等。

3．**第4列“身份证件号码”**：填写纳税人有效身份证件上载明的证件号码。

4．**第5列“纳税人识别号”**：有中国公民身份号码的，填写中华人民共和国居民身份证上载明的“公民身份号码”；没有中国公民身份号码的，填写税务机关赋予的纳税人识别号。

5. **第 6 列“是否为非居民个人”**：纳税人为非居民个人的填“是”，为居民个人的填“否”。不填默认为“否”。

6. **第 7 列“所得项目”**：填写纳税人取得的个人所得税法第二条规定的应税所得项目名称。同一纳税人取得多项或多次所得的，应分行填写。

7. **第 8 ～ 21 列“本月（次）情况”**：填写扣缴义务人当月（次）支付给纳税人的所得，以及按规定各所得项目当月（次）可扣除的减除费用、专项扣除、其他扣除等。其中，工资、薪金所得预扣预缴个人所得税时扣除的专项附加扣除，按照纳税年度内纳税人在该任职受雇单位截至当月可享受的各专项附加扣除项目的扣除总额，填写至“累计情况（工资薪金）”中第 25 ～ 29 列相应栏，本月情况中则无须填写。

（1）**“收入额计算”**：包含“收入”“费用”“免税收入”。

具体计算公式为：收入额 = 收入 - 费用 - 免税收入。

①**第 8 列“收入”**：填写当月（次）扣缴义务人支付给纳税人所得的总额。

②**第 9 列“费用”**：仅限支付劳务报酬、稿酬、特许权使用费三项所得时填写，支付其他各项所得时无须填写本列。预扣预缴居民个人上述三项所得个人所得税时，每次收入不超过 4 000 元的，费用填写“800”元；每次收入 4 000 元以上的，费用按收入的 20% 填写。扣缴非居民个人上述三项所得的个人所得税时，费用按收入的 20% 填写。

③**第 10 列“免税收入”**：填写纳税人各所得项目收入总额中，包含的税法规定的免税收入金额。其中，税法规定“稿酬所得的收入额减按 70% 计算”，对稿酬所得的收入额减计的 30% 部分，填入本列。

（2）**第 11 列“减除费用”**：仅限支付工资、薪金所得时填写。具体按税法规定的减除费用标准填写。如，2019 年为 5 000 元 / 月。

（3）**第 12 ～ 15 列“专项扣除”**：分别填写按规定允许扣除的基本养老保险费、基本医疗保险费、失业保险费、住房公积金的金额。

（4）**第 16 ～ 21 列“其他扣除”**：分别填写按规定允许扣除的项目金额。

8. **第 22 ～ 30 列“累计情况（工资、薪金）”**：本栏仅适用于居民个人取得工资、薪金所得预扣预缴的情形，工资、薪金所得以外的项目无须填写。具体各列，按照纳税年度内居民个人在该任职受雇单位截至当前月份累计情况填报。

（1）**第 22 列“累计收入额”**：填写本纳税年度截至当前月份，扣缴义务人支付给纳税人的工资、薪金所得的累计收入额。

（2）**第 23 列“累计减除费用”**：按照 5 000 元 / 月乘以纳税人当年在本单位的任职受雇月份数计算。

（3）**第 24 列“累计专项扣除”**：填写本年度截至当前月份，按规定允许扣除的“三险一金”的累计金额。

（4）**第 25 ～ 29 列“累计专项附加扣除”**：分别填写截至当前月份，纳税人按规定可享受的子女教育、赡养老人、住房贷款利息或住房租金、继续教育扣除的累计金额。大病医疗扣除由纳税人在年度汇算清缴时办理，此处无须填报。

（5）**第 30 列“累计其他扣除”**：填写本年度截至当前月份，按规定允许扣除的年金（包括企业年金、职业年金）、商业健康保险、税延养老保险及其他扣除项目的累计金额。

9. **第 31 列“减按计税比例”**：填写按规定实行应纳税所得额减计税收优惠的减计比例。无减计规定的，可不填，系统默认为 100%。如，某项税收政策实行减按 60% 计入应纳税所得额，则本列填 60%。

10. **第 32 列“准予扣除的捐赠额”**：是指按照税法及相关法规、政策规定，可以在税前扣除的捐赠额。

11. **第 33 ～ 39 列“税款计算”**：填写扣缴义务人当月扣缴个人所得税款的计算情况。

（1）**第 33 列“应纳税所得额”**：根据相关列次计算填报。

①居民个人取得工资、薪金所得，填写累计收入额减除累计减除费用、累计专项扣除、累计专项附加扣除、累计其他扣除、准予扣除的捐赠额后的余额。

②非居民个人取得工资、薪金所得，填写收入额减去减除费用、准予扣除的捐赠额后的余额。

③居民个人或非居民个人取得劳务报酬所得、稿酬所得、特许权使用费所得，填写本月（次）收入额减除可以扣除的税费、准予扣除的捐赠额后的余额。

④居民个人或非居民个人取得利息、股息、红利所得和偶然所得，填写本月（次）收入额减除准予扣除的捐赠额后的余额。

⑤居民个人或非居民个人取得财产租赁所得，填写本月（次）收入额减除允

许扣除的税费、准予扣除的捐赠额后的余额。

⑥居民个人或非居民个人取得财产转让所得，填写本月（次）收入额减除财产原值、允许扣除的税费、准予扣除的捐赠额后的余额。

其中，适用“减按计税比例”的所得项目，其应纳税所得额按上述方法计算后乘以减按计税比例的金额填报。

（2）**第34～35列“税率/预扣率”和“速算扣除数”**：填写各所得项目按规定适用的税率（或预扣率）和速算扣除数。没有速算扣除数的，则不填。

（3）**第36列“应纳税额”**：根据相关列次计算填报。

具体计算公式为：应纳税额=应纳税所得额×税率（预扣率）-速算扣除数。

（4）**第37列“减免税额”**：填写符合税法规定可减免的税额。居民个人工资、薪金所得，填写本年度累计减免税额；居民个人取得工资、薪金以外的所得或非居民个人取得各项所得，填写本月（次）减免税额。

（5）**第38列“已扣缴税额”**：填写本年或本月（次）纳税人同一所得项目，已由扣缴义务人实际扣缴的税款金额。

（6）**第39列“应补（退）税额”**：根据相关列次计算填报。

具体计算公式为：应补（退）税额=应纳税额-减免税额-已扣缴税额。

（三）其他栏次

1.**“声明”**：需由扣缴义务人签字或签章。

2.**“经办人”**：由办理扣缴申报的经办人签字，并填写经办人身份证件号码。

3.**“代理机构”**：代理机构代为办理扣缴申报的，应当填写代理机构统一社会信用代码，并加盖代理机构签章。

四、其他事项说明

本表一式两份，扣缴义务人、税务机关各留存一份。

附件 2

个人所得税预扣率表一

（居民个人工资、薪金所得预扣预缴适用）

级数	累计预扣预缴应纳税所得额	预扣率（%）	速算扣除数
1	不超过 36 000 元的部分	3	0
2	超过 36 000 元至 144 000 元的部分	10	2 520
3	超过 144 000 元至 300 000 元的部分	20	16 920
4	超过 300 000 元至 420 000 元的部分	25	31 920
5	超过 420 000 元至 660 000 元的部分	30	52 920
6	超过 660 000 元至 960 000 元的部分	35	85 920
7	超过 960 000 元的部分	45	181 920

个人所得税预扣率表二

（居民个人劳务报酬所得预扣预缴适用）

级数	预扣预缴应纳税所得额	预扣率（%）	速算扣除数
1	不超过 20 000 元的	20	0
2	超过 20 000 元至 50 000 元的部分	30	2 000
3	超过 50 000 元的部分	40	7 000

个人所得税税率表三

（非居民个人工资、薪金所得，劳务报酬所得，稿酬所得，特许权使用费所得适用）

级数	应纳税所得额	税率（%）	速算扣除数
1	不超过 3 000 元的	3	0
2	超过 3 000 元至 12 000 元的部分	10	210
3	超过 12 000 元至 25 000 元的部分	20	1 410
4	超过 25 000 元至 35 000 元的部分	25	2 660
5	超过 35 000 元至 55 000 元的部分	30	4 410
6	超过 55 000 元至 80 000 元的部分	35	7 160
7	超过 80 000 元的部分	45	15 160

附录三
个人所得税专项附加扣除速查表

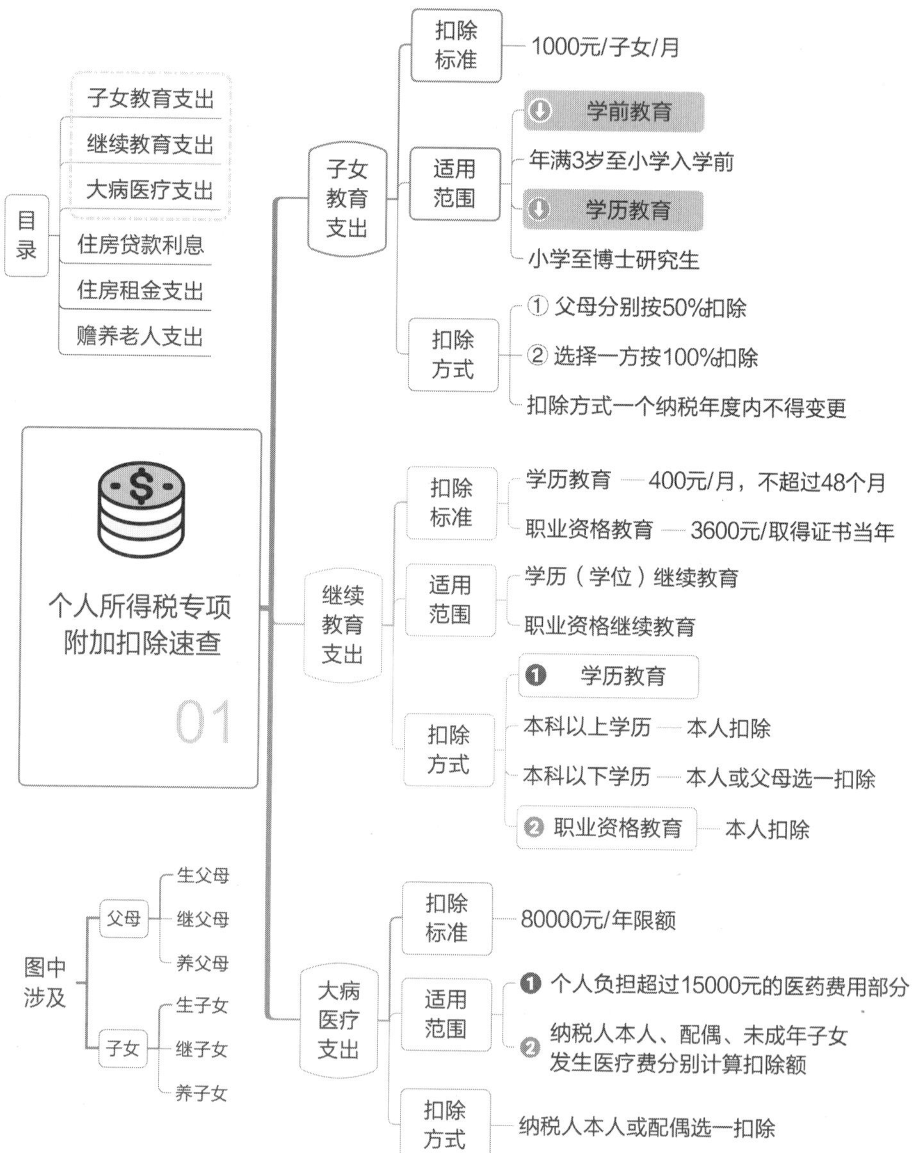

个人所得税专项附加扣除速查 02

- 目录
  - 子女教育支出
  - 继续教育支出
  - 大病医疗支出
  - 住房贷款利息
  - 住房租金支出
  - 赡养老人支出
- 住房贷款利息
  - 扣除标准
    - 1000/月，不超过240个月
  - 适用范围
    - ❶ 本人或配偶购买首套住房贷款利息
    - ❷ 本人或配偶银行或住房公积金贷款
  - 扣除方式
    - 夫妻双方约定由其中一方扣除
    - 婚前双方分别首套贷款，婚后扣除办法
    - 一方扣1000，双方各扣500
    - 只能享受一套首套住房贷款利息
    - 留存贷款合同、贷款还款支出凭证
    - 扣除方式一个纳税年度内不得变更
- 住房租金支出
  - 扣除标准
    - 按工作城市
    - ❶ 直辖市、省会、计划单列市1500元/月
    - ❷ 辖区户籍人口>100万，1100元/月
    - ❸ 辖区户籍人口<100万，800元/月
  - 适用范围
    - 夫妻双方在主要工作城市没有自由住房而租房
  - 扣除方式
    - ❶ 夫妻主要工作城市相同的，选一方扣除
    - ❷ 夫妻主要工作城市不同的，各自扣除
    - 夫妻不得同时分别扣租金和利息，留存合同
- 赡养老人支出
  - 扣除标准
    - 一个赡养人为2000元定额
    - 多赡养人每人分摊限额 ≤1000元/月 总额不超过2000元
  - 适用范围
    - 赡养年满60岁的父母
    - 父母已去世，赡养年满60岁的祖（外）父母
  - 扣除方式
    - 一个赡养人为纳税人本人
    - 多赡养人平均、约定、指定分摊
    - （扣除方式一个纳税年度内不得变更）
- 图中涉及
  - 父母
    - 生父母
    - 继父母
    - 养父母
  - 子女
    - 生子女
    - 继子女
    - 养子女

附录四

国家税务总局的培训视频

1. 新个人所得税法和新条例（上）：

https://12366.chinatax.gov.cn/video/play?bh=524106561b494f9ab3e3b8e87abe0751

2. 新个人所得税法和新条例（下）：

https://12366.chinatax.gov.cn/video/play?bh=2d37077be1444b97940143c94d24500e

3. 个人所得税自行纳税申报有关问题的公告：

https://12366.chinatax.gov.cn/video/play?bh=2d01a8b7f186459190b29222a91df6d9

4. 新个人所得税扣缴申报管理办法培训：

https://12366.chinatax.gov.cn/video/play?bh=52375335df4b4bb78bfed6a53d842793

5. 专项附加扣除申报操作培训：

https://12366.chinatax.gov.cn/video/play?bh=c1adffc5ed3d4ec3b38441e4cad610c5

6. 专项附加扣除暂行办法解读：

https://12366.chinatax.gov.cn/video/play?bh=54cdc0ec1f6c405ea08ff76306efcc3c

7. 居民个人享受专项附加扣除的范围及条件：

https://12366.chinatax.gov.cn/video/play?bh=3c33378f076b4b3da2c33a3fc1855b21

8. 居民个人申请享受专项附加扣除的途径及方法：

https://12366.chinatax.gov.cn/video/play?bh=0c8879e2438249738f83693d2cff1d91

9. 工资、薪金所得的预扣预缴：

https://12366.chinatax.gov.cn/video/play?bh=a1eeade05a304311af4e45a83ac05164

10. 个人所得税预扣预缴申报视频地址：

https://12366.chinatax.gov.cn/video/play?bh=1699e32fc6bb4c539fef6a94dc2a2ff5